Peter Knorr, geboren 1939 in Salzburg, ist einer der Urväter der deutschen Satirelandschaft. In den frühen sechziger Jahren als Kabarettist tätig, arbeitete Knorr zusammen mit Robert Gernhardt und Chlodwig Poth lange bei der legendären Satirezeitschrift «Pardon» und war einer der Begründer der «Titanic». Zusammen mit Bernd Eilert und Robert Gernhardt erdachte er in den achtziger und neunziger Jahren außerdem die Gags für Otto Waalkes. Peter Knorr lebt seit längerem in Frankfurt am Main und auf Mallorca. Seiner zweiten Heimat widmete er dieses Buch. «Originell und amüsant», urteilte der «Spiegel» über seine so liebevollen wie spöttischen Miniaturen von der Deutschen liebster Insel.

«Sehr lesenswert. Wer einen amüsanten, stellenweise ironischen Unterton mag, verfällt bei der Lektüre des Buchs schnell ins Lachen ... herrlich!»
(Hannoversche Allgemeine Zeitung)

Peter Knorr

Mallorca

Insel der Inseln

Rowohlt Taschenbuch Verlag

Veröffentlicht im Rowohlt Taschenbuch Verlag,
Reinbek bei Hamburg, Juni 2011
Copyright © 2011 by Peter Knorr
Die Erstausgabe erschien 2000 bei
Schöffling & Co. Verlagsbuchhandlung GmbH,
Frankfurt am Main
Umschlaggestaltung any.way, Hamburg,
nach dem Original vom Schöffling und Co. Verlag
(Abbildung: Hans Traxler)
Satz DTL Fleischmann PostScript (InDesign) bei
Pinkuin Satz und Datentechnik, Berlin
Druck und Bindung Druckerei C. H. Beck, Nördlingen
Printed in Germany
ISBN 978 3 499 25624 0

Inhalt

Insel im Sommerloch
7

Stimmen in südlicher Nacht
13

Vom Klatschen der Menschen beim Landen
14

King Cobra
19

Kleine mallorquinische Farbenlehre
30

Ein Gästebuch
31

Hähne
37

Der Walnuss-Mythos
43

Vollmond
47

Mobiltelefono
49

Die himmelblaue Trichterwinde
57

Ruhe!
66

Titanic
67

Der Mandelkönig
72

Der Höllengraf
78

Für die Katz
87

Der Mann am Strand
90

Ein Winter auf Mallorca
98

San Salvador
106

Frau an Bord
113

Mañana
122

Anhang
125

Insel im Sommerloch

«Die ganze Küste der Insel bot sich der Versuchung der Abenteurer und Eroberer dar und den Ausdehnungsunternehmungen der Völker. Zufrieden in Bescheidenheit und müde geworden im Laufe der Geschichte, begnügt sie sich heute mit der ländlichen, ruhigen Existenz, die das gütige Schicksal ihr beschieden hat. Eine neue Kultur klopft jetzt an die Pforten: die Kultur des Fremdenverkehrs. Hier will man eine Villenkolonie errichten, eine Stadt am Strande zum Ausruhen und zur Erholung der begüterten Reisenden. So geht das geschichtliche Schicksal unerbittlich seinen Weg: als Schauplatz dauernder Überfälle und immer neuer Kulturen wird Mallorca auch jetzt den unbesiegbaren Einfall der Jazz-Kultur, des Cocktails und der Strandhäuser miterleben. Und dort, wo die römischen Triremen strandeten, wird sich das Girl in seinem seltsamen Badetrikot sonnen neben dem Yankee, der wie ein nordischer Athlet aussieht.»

Es ist vollbracht.

Vor sechzig Jahren prophezeite der spanische Reisende Jose Maria Salaverria die Unbesiegbarkeit des aufkommenden Tourismus in Mallorca. Hätte er eine etwas realistischere Vision von dem gehabt, was tatsächlich kommen sollte, er wäre zu Tode erschrocken auf den einsamen Strand hingesunken.

Wir dagegen wissen Bescheid: Das seltsame Girl geht oben ohne, der nordische Athlet trägt Bierbauch am Strand und beide gibt es in mehreren Millionen Exemplaren. Flugzeuge starten und landen im Minutentakt. Die Insel ist ganzjährig von Touristen überlaufen und läuft im Sommer über.

Die meisten Urlauber sind Deutsche. Der letzte Stand: Über zehn Millionen pro Jahr. Und das, obwohl ich seit langem predige: «Leute, bleibt weg. Es gibt Schöneres auf der Welt!»

Aber es bleibt niemand weg. Ich selbst schon gar nicht. Schließlich bin ich schon so lange da und weiß so gut, warum.

Und ach! Vorbei die Zeiten, in denen die gebildeten Stände und die schwerreichen Klassen Mallorca noch mieden oder sich zumindest schämten, als Mallorca-Reisende ertappt zu werden. Heute sagt niemand mehr «Wir waren dieses Jahr in Spanien», wo man doch nur auf Mallorca war. Die «Putzfrauen-Insel», das «Prolli-Ghetto», die «Kegelclub-Abfüllanlage», all diese herablassenden Bezeichnungen treffen nicht mehr. Denn die friedlichen Invasionstruppen auf dem *«Schauplatz immer neuer Überfälle und immer neuer Kulturen»* setzen sich längst aus ganz unterschiedlichen Kontingenten zusammen.

Unter dem Motto *«Wir sind ein Volk – aber wir brauchen besseres Wetter!»* reist man inzwischen preiswert gemeinsam an und verteilt sich dann getrennt über die Insel.

Vergessen solch läppische Zeitgeistphänomene wie die sogenannte Toscana-Fraktion! Die große Mallorca-Koalition aus kleinem, mittlerem und großem Geld, aus Urlaubskasse, Ladenkasse und schwarzer Kasse entspricht durchaus den gesellschaftlichen Verhältnissen zu Hause. Nur spürt man unter der wärmenden Sonne des Südens eben auch die soziale Kälte nicht mehr so.

Was des einen Traum: volle Strände, viele Menschen, Kontakte, Bekanntschaften, Discos und Alkohol bis zum Abwinken – ist des anderen Alptraum. Kein Grund, gleich die ganze Insel zu meiden!

Wer kann, kauft. Hier geht das Land weg wie im Supermarkt. «Darf's eine Hügelkette mehr sein? Oder soll ich Ihnen noch ein Stückchen Küste abschneiden?» Die Überfremdung ist bedrohlich. Die Mallorquiner beginnen Verteidigungslinien aufzubauen; scheitern aber bislang an der historisch ungewohnten Erfahrung, dass man ihr Land diesmal nicht klaut, sondern kauft.

Strategisch klug haben sich die friedlichen Invasoren in konzentrischen Ringen auf der Insel festgesetzt. Tausende von Hotels in Strandnähe beherbergen Millionen Pauschalurlauber.

In zweiter Linie, nur wenig zurückgesetzt, nisten Apartment- oder Bungalowbewohner, von denen viele der heimischen Steuerbehörde nicht unbedingt mitteilen wollen, dass sie längst Besitzer dieser Unterkünfte sind. Und schließlich, drei bis zehn Kilometer von der Küste entfernt, aber immer noch mit schönem Meeresblick, erfreuen sich die wohlhabenden Klassen Europas ihrer prächtig ausgebauten Fincas oder luxuriösen Villen.

Das alles ist nur allzu bekannt. Jahr für Jahr – kaum bricht die neue Reisezeit wieder an – taucht Mallorca, der große Sommerlochfüller, in den deutschen Medien auf wie ein Ersatzatlantis für die Daheimgebliebenen, erfährt man aber auch restlos alles über der Deutschen Lieblingsinsel. Die deutschen Fernsehsender senden deutsche Fernsehsendungen von der Insel; die Schönen und Reichen, Prominenten und Geltungsbedürftigen erhalten ausgiebig Zeit, sich zu zeigen und ihresgleichen anzulocken, was immer noch gelingt.

Und jeder neue Versuch, das sogenannte «unbekannte Mallorca» ins Bild zu setzen, bleibt lediglich eine Variation der vorangegangenen.

Zur Zeit sind etwa einhundert deutschsprachige Bücher auf dem Markt, die sich zum Thema Mallorca in allen nur denkbaren Facetten äußern. Themenhefte der großen Reisezeitschriften erledigen den Rest. Kein Turm, kein Stein, kein wichtiges Gebäude, keine historische Figur, kein Brauchtum, kein Markt, kein Museum, kein Freizeitangebot, kein Landgasthaus, kein Luxusbordell, das nicht längst entdeckt, beschrieben und gepriesen wäre!

Dankenswerterweise legen neunzig Prozent aller Mallorca-Besucher aber gar keinen Wert auf die sensationelle Information, dass hinter ihrem Hotel auch noch was ist. Solange davor das schöne blaue Meer nicht verschwindet und die Bar in der Nähe nicht schließt, ist das Mallorca genug. Selbst der saisonale Stadthaus-, Landsitz- oder Apartmentbewohner bewegt seinen Fuß oder die mitgebrachte Limousine in sommerlicher Urlaubshitze nur selten ins staubige Hinterland. Warum auch?

Sind nicht das Schattenplätzchen am Pool und der eisgekühlte Drink in Gesellschaft lieber Freunde das einzig Verlässliche in einer unbekannten und womöglich äußerst gefahrvollen Welt? Der Strand vor allem ist für jeden sicher! Er ist der geeignete Platz zur Aufbewahrung und Bräunung von Kindern, sowie für kurze, ebene und gefahrlose Wege. Auf Wanderungen und Exkursionen dagegen kann man auf fremdsprachige Menschen oder unbekannte Tiere stoßen, deren Ungefährlichkeit in keinem Falle erwiesen ist. Man kann von Felsen stürzen, sich verirren oder verhungern, respektive aus Sorge um diese Gefahren schwermütig werden.

Am Strand passiert das alles nicht. Am Strand ist es schön.

Und so könnte es geschehen, dass die bekannteste aller Inseln sich für viele Millionen Besucher den Reiz des Unbekannten bis in alle Ewigkeit bewahren wird, weil sie sowieso nur baden gehen wollen. Ich kann das verstehen.

Wäre mir damals, vor langer Zeit, bei meinem ersten Mallorca-Besuch nicht am Strand dieses Girl in dem seltsamen Badetrikot begegnet, das unbedingt die ganze Insel kennenlernen wollte – wer weiß, ob ich so oft wiedergekommen wäre und mich schließlich ganz für sie entschieden hätte. Für ihre Schönheit, ihr sonniges Wesen, ihr bedächtiges Temperament und ihre freundliche Art, mit mir umzugehen. Für die Insel also.

Stimmen in südlicher Nacht*

*«Ich traue meinen Augen kaum –
ist das ein Jacaranda-Baum?»*

«Nein, das ist die Feige,
auf die ich grade zeige.»

«Aber das sind Mandeln?»
«Ich lasse mit mir handeln.»

«Ach, und dort der Lorbeerstrauch!»
«Quittenbusch nennt man ihn auch.»

«Dies muss die Zitrone sein.»
«Leider ist die Antwort nein.»

«Na, dann ist es Ginster.»
«Nein, du Depp, nur finster.»

* Die erste Stimme klingt berlinerisch

Vom Klatschen der Menschen beim Landen

Warum kommt der Pilot nicht aus seiner Kabine und verbeugt sich? Jahrzehntelang war und noch immer ist es ein wenn auch seltener werdender Brauch: wenn das Urlauber-Flugzeug auf der Landebahn des Flughafens von Palma de Mallorca aufgesetzt hat, klatschen die Passagiere in die Hände. Niemand hat sie dazu aufgefordert, niemand gibt den Einsatz und niemand bedankt sich für den oft heftigen kollektiven Applaus.

Während der Hochsaison landen die Maschinen in Abständen von drei Minuten. Versucht man, sich den Applaus der beklatschten Landungen in den letzten dreißig Jahren in seiner Summe vorzustellen, so ergibt sich eine die akustische Phantasie sprengende Großovation für die Idee des Massentourismus. Auch wenn der Einzelklatscher in der konkreten Klatschsituation das nicht so gemeint haben mag.

Aber was wird da im Einzelnen in jedem Urlauber-Flugzeug wirklich beklatscht, sobald die Maschine gelandet ist?

Was macht uns applaudieren? Fassungslos dankbares Staunen darüber, dass der uralte Menschheitstraum vom Fliegen unbegreiflicherweise genau zu Ferienbeginn in Nordrhein-Westfalen in Erfüllung gegangen ist, kann es ja wohl nicht sein.

Wahrscheinlich ist es Erleichterung.

Erleichterung darüber, nun doch nicht, wie vage zu befürchten war, abgestürzt oder abgeschossen worden zu sein, oder entführt, gefoltert und verkauft, versklavt, schlecht behandelt und häufig belogen. Applaus also für die glückliche Rettung.

Aber in Linienmaschinen wird nie geklatscht. Auch bei der Ankunft von Eisenbahnzügen, Reisebussen oder Schiffen an ihrem jeweiligen Zielort gibt es keinen Applaus, obwohl auch diese Transportmittel zu den allerschönsten Orten führen können und nicht selten in katastrophale Zusammenhänge geraten.

Nein, Applaus bedeutet immer Anerkennung und Lob. Naheliegenderweise gilt im Flugzeug beides dem Piloten, dem es gelang, die Urlauber sicher an ihr Ziel zu bringen. Die Leute sind freundlich und würdigen das. Buhrufe und Pfiffe kommen selbst nach unangenehm turbulenten Flügen, stundenlangen Verspätungen und miserablem Service nicht vor.

Natürlich gibt es immer einzelne, weltläufige Reisende von gehobener Lebensart, denen solche Pauschal-Reise-Rituale wie dieser Gruppenapplaus zuwider sind. Den

Blick fest in die Zeitung gekrallt oder scheinbar teilnahmslos durchs Fenster über das hochinteressante Flughafenvorfeld gerichtet, rühren sie keine Hand.

Die muntere Mehrheit aber klatscht Bravo. Trotzdem kommt der Pilot nicht heraus. Kein Auftritt, keine Verbeugung, kein Gruß. Er könnte zumindest aus der Kabinentür treten und mit knapp angedeutetem Diener den Fluggästen seine Reverenz erweisen. Es ließen sich auch Verbeugungen des gesamten Crew-Ensembles denken, die je nach Dauer des Beifalls wiederholt werden dürften.

Eintrag im Logbuch: «20. Juni. Spitzenpublikum! Vierzehn Vorhänge! Kapitän Hansen zur Beförderung vorgeschlagen. Stewardessen erwägen Tanzeinlagen.»

Aber sie tun es nicht wirklich. Nichts dergleichen Wünschenswertes geschieht. Warum?

Natürlich, die Luftfahrt ist eine seriöse und aviatische Personenbeförderung eine ernsthafte Sache. Piloten sind respektable Verantwortungsträger und keine Unterhaltungsfuzzis.

Aber sie sind mit einem unübersehbaren Hang zur Eitelkeit ausgestattet. Da könnte man sie packen. Woran erkennt man auf einer Party, dass einer der Gäste Pilot ist? Kein Problem: er erzählt es einem.

Also nach dem Applaus einmal kurz rauskommen, sich verbeugen und dann schnell wieder zurück und verantwortungsvoll horchen, ob der Motor auch wirklich ausgestellt ist, dazu wären sie schon zu bewegen. Trotzdem zieren sie sich. Und ihre Co-Piloten lassen sie natürlich auch nicht vor den Vorhang. So weit käm's noch, dass die den ganzen Beifall abgreifen!

Vielleicht hat das Verbleiben der Piloten in ihrer Kanzel aber auch mit Misstrauen zu tun. Misstrauen ist ein starkes Motiv, das häufig törichte Eitelkeiten überwinden hilft. Da machen sich Zweifel breit: Kommt der Beifall der Menschen wirklich von Herzen? Gilt er tatsächlich ihm, dem Piloten?

Es könnten unter den Klatschenden ja Einzelne sein, die der verwerflichen Tatsache applaudieren, dass mit ihnen soeben auch die Portokasse ihres Betriebes sicher gelandet ist. Andere feiern vielleicht den Umstand, dass statt der Gattin diesmal die bezaubernde Praktikantin sich übers Wochenende die Schönheiten der Insel zeigen lassen will.

Viele werden von jetzt ab durchgehend betrunken sein und in euphorischer Erwartung dieses Zustandes die rauschhaften Höhepunkte glückseliger Verantwortungslosigkeit herbeiapplaudieren wollen. Andere klatschen zögerlich lächelnd nur ein klein wenig mit, in der Hoffnung dies möge der letzte Lärm sein, dem sie in den kommenden Tagen ausgesetzt sind. Die Kinder klatschen, weil die Eltern klatschen, damit die Kinder klatschen. Und alle applaudieren doch nur sich selbst, den soeben auf Mallorca sicher Gelandeten. Sie feiern den Moment, nicht den Piloten. Es ist ihr selbstinszeniertes Warm-up für bessere Tage.

Ist nun zu befürchten, dass sich unter der Last solcher

Erkenntnisse Resignation breitmachen wird, da vorne im Cockpit?

Schon erwägt der teilnahmsvolle Passagier kurz, aber herzlich, nach vorne zu stürzen, den schmucken Kapitän an der Hand zu nehmen und ihn, den törichten Zweifler, vor sein Publikum zu führen. Man muss Applaus auch annehmen können, mein Freund!

Aber dann ist es wieder einmal zu spät. Alle Reisenden sind bereits ausgestiegen, und auch der Letzte sollte sich nun eilen, wenn er nicht auf der Gangway von attackierenden Putzfrauenkolonnen überrollt werden will.

King Cobra

Neulich hat er mir angeboten, ein Flugzeug zu kaufen. Einen Airbus A 380 – 800.

Der Herr Westermann von der Sparkasse. Der Gleiche, der mir im Laufe der letzten Jahre all den Dreck und Finanzplunder angedreht hat. Die Aktien von «Brokat» – *Bankensoftware, Papiere mit Zukunft*!» Existiert nicht mehr, der saubere Verein. Hundert Prozent Verlust! Weggeschmissenes Geld! Eine Anlage beschissener als die andere. Leman-Brothers? Selbstverständlich. Ich hab's ja. Beziehungsweise hatte. Diesmal hat er mich, nach einigen Monaten taktvollen Schweigens, zu sich gebeten und mir in unverändert plump vertraulicher Art doch tatsächlich geraten, den ganzen Ramsch, den *er* mir seinerzeit verkauft hatte, nun doch endlich und endgültig abzustoßen. «Weg mit Schaden» hat er gesagt, «höher steigen die Sachen nie mehr, konnte ja niemand mit dieser Krise rechnen, mehr wird das auf keinen Fall, ist ja immerhin noch bisschen was übrig, also, ich hab hier was mit sechs Prozent. 10000 müssen Sie Minimum anlegen. Das kommt ja bei Ihnen grade so hin, wenn Sie noch ein klein wenig drauflegen.»

Ich sollte also ein Flugzeug kaufen, jedenfalls ein Stück davon. Für 10 000 Euro.

«Dieses Beteiligungsangebot ermöglicht Investoren im Rahmen eines geschlossenen Flugzeugfonds eine mittelbare Investition in einen Airbus A380 – 800, der langfristig an Singapore Airlines vermietet wird … Singapore Airlines zählen zu den Premium Carriern, weil sie eine außergewöhnlich stabile wirtschaftliche Performance zeigen», las mein Finanzberater mir aus dem Prospekt vor.

«Premium Carrier» gefiel mir. Das wäre mal was anderes. Auf Flügen nach Mallorca hat man es ja eher mit «Cheap Carrier» oder «Extra Cheap Ryan Junk Carrier» zu tun. Aber die verkaufen ihre Mühlen nicht, sondern verdienen sich dumm und dusselig mit dem Abkassieren bei hundert Gramm Übergepäck. «Premium Carrier» wäre allerdings auch etwas anderes gewesen als meine eigene Fluggesellschaft. Hallo? Jawohl! Richtig gelesen! «Aeroligeros Cala D'Or» heißt das stolze Unternehmen, dessen Miteigentümer ich vor vielen Jahren war. Sollte ich Herrn Westermann erzählen, dass ich vom Fach war? Dass der Airbus – übrigens mit der Seriennummer 051 – mein Zweitflugzeug wäre?

Damals rief Joey aus Mallorca, der noch nie bei mir angerufen hatte, an und fragte «Kannst du mir helfen?», und weil ich Joey kannte, fragte ich nur «Wie viel?». Er sagte «zehntausend.» Wie heute. Nur eben D-Mark statt Euro.

Er wollte ein Unternehmen gründen, brauchte etwas Startkapital und bot mir die Chance, es ihm zu sieben Prozent zu leihen oder aber mit diesem Geld Anteilseigner an seiner zu gründenden Firma und dem dazugehörigen Flugzeug zu werden.

«*Aero ligheros! Du verstehst, ein Ultra-light-Flieger, Supersache, Doppelsitzer, damit fliegen wir Leute herum, Touristen, die können sich die Insel von oben anschauen und zahlen dafür. Und zwar nicht zu knapp. Eine Geschäftsidee, die ihresgleichen sucht und auf dieser Insel nicht findet, weil ich nämlich der Erste bin!*» So hatte Joey gesprochen und davon, dass das Ultra-light-Doppelsitzergerät in den nächsten Tagen vom Festland herüberkäme. Bestellt und bezahlt. Nur für den Zusammenbau und den Hangar und bestimmte Gebühren und seinen Flugschein brauche er noch ... «*Joey*», hatte ich ihn damals unterbrochen, «*du kriegst das Geld. Ich bin an deiner Seite und will keine Details wissen. Nur Geld zurück. In einem Jahr.*»

Der Deal war perfekt. Gibt es etwas Befriedigenderes als enthusiastischen, jungen Menschen, die Ideen haben, beim Aufbau einer eigenen Existenz zu helfen? Heute würde ich sagen: Ja, gibt es. Nämlich jungen Menschen zu helfen, die *gute* Ideen haben. Aber damals verstand ich mich als idealistischer Unterstützer eines vielversprechenden Start-up-Unternehmens, Förderer eines höchst attraktiven touristischen Angebotes auf Mallorca und gleichzeitig als Genie in Geldanlagefragen. Sieben Prozent – das gab's auf keinem Schiff und in keiner Bank!

Zwei Wochen später saßen wir uns in der Bar «Can Blanco» in Cas Concos gegenüber, zur Geldübergabe.

Der spanische Fluglehrer, dem mich Joey mit den Worten: «*Here comes your money!*» vorstellte, begrüßte mich mit äußerster Herzlichkeit und nicht enden wollenden Umarmungen. Er pries das außergewöhnliche Talent seines Flugschülers, dessen Tatkraft und beeindruckenden Unternehmungsgeist.

Sie hatten zwar noch keine Zulassung für das Flug-Unternehmen und bisher an keinem Strand oder küstennahen Ort eine Erlaubnis oder gar eine Fläche für Start und Landung bekommen, aber das Flugzeug war da. Zusammengebaut, einsatzbereit, und es hatte sich sogar schon mehrfach mit Lehrer und Schüler in die Lüfte erhoben. Und zwar von einer Startbahn aus, die sie mir jetzt gleich vorführen wollten.

Auf meine Frage, woher er denn das restliche Geld für dieses Flugzeug habe, zeigte Joey auf einen sehr dunkelhaarigen, modisch gekleideten Herrn, der im Hintergrund des Raumes ein recht angeregtes Gespräch mit zwei anderen Männern führte. Das Lokal war gut gefüllt mit jugendlichen Teilzeit-Hippies, die zum Telefonieren oder zum Dealen hierherkamen. Zwei Tische waren von einem Trupp kaffeetrinkender Arbeiter der staatlichen Telefongesellschaft belegt, die man an ihren blauen Arbeits-Uniformen mit den bunten Telefonica-Aufnähern erkannte. Man sah sie immer wieder auf dem Land beim Verlegen von Leitungen.

«Bis jetzt gehört die Maschine dir und dem Perser dahinten. Amed. Er hat das Geld vorgelegt und lernt jetzt auch Fliegen», sagte Joey *«Wahrscheinlich damit er, wenn's brenzlig wird, schnell mal abhauen kann.»* Joey lachte ein etwas hämisches Lachen. Kurz darauf sollte ich mehr über die Gründe dafür erfahren. Jetzt aber drängte ich zum Aufbruch. Ich wollte das Flugzeug sehen, die Start- und Landebahn und den Hangar, von dem sie stolz berichtet hatten.

«Na, dann zahl mal», sagte Joey und ich erhob mich, ging zum Tresen und zahlte. In dem Moment, in dem sich auch die beiden anderen erhoben, um mit mir die Bar zu verlassen, sprangen auf ein lautes Kommando hin sämtliche Telefonica-Arbeiter auf, verteilten sich strategisch im Raum und versperrten den Ausgang. Drei von ihnen hatten jetzt Pistolen in der Hand und einer brüllte etwas auf Spanisch, was ganz sicher nichts anderes als *«Polizei! Bleiben Sie, wo Sie sind! Keiner verlässt den Raum!»* hieß. Schlagartig war es ganz still in der Bar Blanco. Einige Leute mussten ihre Ausweise vorzeigen, am Tisch von Amed gab es dabei ein lautes, hysterisches Geschrei, dann wurden alle drei Männer in Handschellen abgeführt. Währenddessen klackerten hier und da kleine Haschbröckchen zu Boden, nach denen sich niemand bückte, und um Joey, mich und den Fluglehrer kümmerte sich überhaupt niemand. Kurz darauf verließen die falschen Telefon-Arbeiter das Lokal, die Hippies suchten hektisch auf dem Boden nach ihren Brocken, und wir drei machten uns auf zur Basis von «Aeroligeros Cala

D'Or». Selten habe ich Joey so fröhlich erlebt wie auf der Autofahrt dorthin. *«Hiermit ist unser Unternehmen fast schuldenfrei»*, jubelte er. *«Wenn sie das ganze Koks bei ihm zu Hause finden, sitzt der Jahre. Ich wette, sie graben jetzt seinen Garten um.»*

Auf dem sehr platten Lande, an der Straße von Santany nach Felanitx, mindestens zehn Kilometer von der Küste und noch weiter von Cala D'Or entfernt, lag zwischen anderen Feldern das schmale, gut 80 Meter lange Stück Stoppelacker, das Joey von einem Bauern gepachtet hatte, um es als Flugfeld zu nutzen. Hinter einem einfachen Gatter führten zwei eng beieinander liegende Radspuren – das war die Landebahn – auf ein hüttenartiges Gebilde, halb Zelt halb Bretterbude ohne Dach zu, den Hangar. Dort empfing uns das aufgeregte Gebell von acht angeketteten, merkwürdig rot gescheckten Wachhunden. Die beiden Herren sprangen aus dem Auto, der Fahrlehrer raufte sich stumm die Haare, während Joey brüllte. Ein Wutgebrüll, ein Geschrei von solch beeindruckendem Zorn, dass die Hunde verstummten, obwohl doch gerade sie, genauer gesagt ihr Aussehen, den Grund für das merkwürdige Verhalten der beiden Männer lieferten. Die acht Tiere waren, nun sah auch ich es, nicht von Natur aus gescheckt, sondern alle mit roter Farbe übergossen worden. *«Das waren diese Drecks-Jugendlichen aus Santany! Von den Alten geschickt! Diese Schweine! Das geht doch nie wieder ab! Die armen Viecher! Was können die denn dafür!»* Tierliebe und Mitgefühl hatten also Joey derart zur

Raserei gebracht. Oder doch nicht? *«Was die gekostet haben! Die wollen uns vernichten! Die wollen uns hier vertreiben! Ich kauf mir ein Gewehr! Ich bring sie alle um!»*

Das immerhin hatten die Farbtäter mit den Hunden nicht getan, und nach einigen Versuchen stellte sich heraus, dass das Zeug, wenn auch unter Mühen und heftiger Gegenwehr der Hunde, abwaschbar war. Leider herrschte aber auf dem gottverlassenen Primitiv-Flugplatz absoluter Wassermangel, genauer: Es gab nur einen halbvollen Kanister davon, und Joey verschob die Reinigungsaktion auf einen späteren Zeitpunkt. Jetzt wollte er erst mal fliegen.

Also Vorhang beziehungsweise Hangar auf! Und tatsächlich: da stand, unbeschädigt und nicht einmal farbverschandelt, «King Cobra», die ultraleichte Basis unseres künftigen Reichtums und baldiger Flugerlebnisse, denn solche waren mir als «Mitbesitzer» selbstverständlich versprochen worden. Das aus nichts als zusammengesteckten Aluminiumrohren bestehende Fluggerät – segelstoffüberzogene Flügel mit einer Spannweite von circa zehn Metern – wurde aus seinem Flugstall geholt, die beiden Flugpioniere bestiegen das winzige Flugzeug, saßen ähnlich wie in einem Kettenkarussell praktisch komplett im Freien, legten aber Fluggurte an, setzten Flugmützen und Flugminen auf und ließen den 503er Rotax-Motor an.

Und dann das Geräusch.

Dieses Geräusch ist vollkommen lächerlich. Es ist unangemessen und unwürdig. Es ist schrill hell, fiesknatterig, durchdringend nervig und laut. Es gehört nicht an den Boden und auf keinen Fall an den Himmel. Eigentlich gehört es verboten. Aber ultraleicht erhob sich der Zwergflieger nun tatsächlich in die Lüfte, kurvte noch einige Male über den Acker, die beiden lächerlichen Freiluft-Piloten winkten mir zu und das gnadenlos laute, hysterische Geräusch ihrer Maschine war noch lange zu hören, einem frisierten Moped nicht unähnlich.

Ich beschloss, mir schriftlich geben zu lassen, dass dieses und alle weiteren Luftgeräte, die die Firma Aeroligeros je besitzen sollte, nie, niemals über mein eigenes Grundstück oder in dessen Nähe herumfliegen dürften, ansonsten eine Konventionalstrafe von sehr viel Geld fällig würde. Und ich hatte tiefes Verständnis für alle Ämter und Behörden dieser Welt, die weder Platz noch Genehmigung für derlei Infernalbelästigung herausrücken. Selbst für die farbaktiven Bürger und Bauern von Santany verspürte ich eine gewisse Sympathie.

Nur leider hatte ich gerade 10 000 Mark in diesen Unfug investiert.

Das Projekt kam nur stotternd in Gang. Joey konnte bald ohne Fluglehrer fliegen. Es war allerdings schwer, zahlende, mitflugwillige Touristen vom Strand zum Startplatz zu locken. Manchmal half ich aus, brachte einen Fluggast in meinem R4 zum Feldflughafen und den vorherigen zurück zu seinem Hotel. Na ja, nicht manchmal. Einmal. Meist transportierte ich Wasser zum Hundewaschen oder

Benzin zum Cobra betanken und wartete darauf, nun auch selbst endlich einmal mitfliegen zu dürfen. Der häufigste Grund, warum ein Ultraleicht-Flugzeug nicht starten kann, ist Wind. Es muss kein Orkan sein, kein Sturm und auch kein starker Wind; ein einfacher Wind genügt, um das Leicht-Fliegerle zu gefährden.

Drei Tage vor dem Ende meines dreiwöchigen Urlaubs war es aber so weit: Kein zahlender Fluggast in Sicht, schlaff hing die Windfahne am Mast, und auch am sommerbraunen Körper spürtest du kaum einen Hauch. Also endlich gemeinsamer Abflug! Tolles Gefühl? Na ja: auf einem Stuhl im Freien sitzen, hochfliegen, runtergucken und doch in erster Linie Lärm wahrnehmen ist kein wirklich erhebendes Erlebnis. War die Menschheit nicht technisch schon ein Stück weiter? War ich nicht erst kürzlich in einem herrlich großen Flugzeug nach Mallorca gekommen? Hatte dabei einen Film sehen und Tomatensaft (dolles Getränk!) trinken dürfen? Musste ich nun wirklich wie eine Comic-Figur hier am Himmel im Freien sitzen? Und kam da nicht eben ein Wind auf? Und sind das nicht ziemlich dunkle Wolken dort rechts? Und hantierte Joey, mein Drei-Stunden-Flugpraxis-Pilot, nicht immer nervöser an den paar Hebeln herum?

Und dann: spruzzel, sprazzel, stotter, stotter und Schluss mit Comic! Auf einmal ist es still.

Benzin alle, Motor kaputt, was weiß denn ich. Joey jedenfalls zieht hektisch an der Anlasserschnur, die Krücke hat ja noch nicht mal einen Knopf oder Schlüssel zum Anlassen, es tut sich aber gar nichts. Wir ruckeln und schaukeln dahin, von Gleiten keine Rede, schließlich ist eine King Cobra kein Segelflugzeug. Hatte der Fluglehrer zum Abschied nicht noch eigens gewarnt: *«Vorsicht! Das Ding hat zwar Flügel, aber es hat die Gleiteigenschaften eines Steinway-Flügels»?*. Wir sackten jedenfalls nach unten durch, wurden vom immer stärkeren Wind wieder nach oben gedrückt und näherten uns doch zügig dem Boden.

Jetzt aber wurde Joey – und ewig sei ihm Dank dafür – ganz ruhig. Er schaffte es, die King Cobra waagerecht zu halten, sie die letzten fünf Meter fast gleichmäßig sinken zu lassen, keinen Baum zu berühren, keine Mauer zu touchieren und so auf einem Feld aufzusetzen, dass wir uns noch nicht einmal überschlugen. In wilden Sätzen hüpfte und sprang das Fluggerät über den steinigen Acker und kam schließlich kurz vor einer Mauer zum Stehen. Dann begann es zu regnen.

Wir fielen uns nicht in die Arme, schüttelten einander aber stumm die Hände und rannten dann durch den strömenden Regen in das nur einen knappen Kilometer entfernte Landgasthaus «El Campo.» Glück und Segen, Rum und Cola, Dankbarkeit und Bier, Telefongespräche und herbeieilende Freunde, Gratulationen und Glückliche-Rettungs-Champagner gestalteten diesen wunderbaren Überlebens-Nachmittag, bis am frühen Abend das Unwetter vorüber war. Es war freilich auch das Ende der Luftfahrts-

und Fluggesellschaft «Aeroligeros Cala D'Or». Wir fanden unsere «King Cobra», die wir so glücklich verlassen und so ungesichert zurückgelassen hatten, vielfach zerschmettert, mehrfach gegen Mauern geschleudert, in Aluminiumteilchen und Segeltuchfetzen zerlegt und mit gespaltetem, schlammverwüstetem Motor unbrauchbar für alle Zeiten ungefähr dort vor, wo wir gelandet waren.

Hätte ich Herrn Westermann, meinem Sparkassen-Anlagespezialisten, das alles erzählen sollen? Ich entschied mich dagegen und auch gegen eine Beteiligung am Airbus Nr. 051 der Singapur Airlines. *«Wissen Sie, Herr Westermann»*, sagte ich lediglich zur Begründung, *«man weiß ja nie, woher der Wind weht in Singapur, ob sie ihre Anteilseigner auch mal mitfliegen lassen oder ob da nicht rote Hunde den Flughafen bewachen.»*

Herr Westermann verschont mich seither mit Investment-Angeboten.

Kleine mallorquinische Farbenlehre

Weiß wie die Blüten des Mandelbaumes.
Nicht weiß wie frische Touristenbeine.

Grün wie das Gras des Wegessaumes.
Nicht das Gesicht nach erbrochenem Weine.

Rot wie das Land im Abendlicht.
Nicht rot wie englischer Sonnenbrand.

Und blau wie das Meer. Und nicht
Wie ein Veilchen an seinem Strand.

Ein Gästebuch

März im ländlichen Ferienhaus: Die Amseln sind da und machen einen gutgelaunten Eindruck. Auch die Plischmanns, er und sie, sind angereist und ebenfalls recht guter Stimmung. «Arbeitsurlaub» nennen sie diesen alljährlichen Frühjahrsaufenthalt in ihrem mallorquinischen Eigenheim, wobei sie die Arbeit übernimmt und er den Urlaub. Plischmanns vermieten. An Freunde und Freunde von Freunden. Das ist die verschämte Umschreibung dafür, dass man sein Haus wildfremden Menschen für deren Urlaub so oft wie möglich und für gutes Geld zur Verfügung stellt, obwohl es für kommerzielles Vermieten eigentlich nicht eingerichtet ist. Ein kleines Zubrot, irgendwie müssen die Unkosten ja wieder reinkommen, so ein Haus macht doch nur Arbeit, muss erhalten werden und was das alles kostet! Jetzt also Frühjahrsputz.

Sie liebt es, «mal wieder richtig auszumisten», «das Haus auf Vordermann» beziehungsweise «in Schuss zu bringen», sie neigt zu militärischen Formulierungen und ordnungspolitischen Maßnahmen. Er erwägt, ihr zuliebe ein wenig Marschmusik aufzulegen, lässt es aber sich zuliebe sein, setzt sich stattdessen auf die Bank im Hof und blättert ein wenig im Gästebuch und den Eintragungen des vergangenen Jahres.

«Toll, dass das noch geklappt hat! Wir hatten eine wunderbare Zeit in diesem herrlichen Haus», steht da zum Beispiel. Stolz lächelt der Hausbesitzer im Sonnenlicht und liest weiter: «Leider haben wir es nicht mehr geschafft, gefüllte Gasflaschen zu besorgen und die Fensterscheibe reparieren zu lassen. Entschuldigung. Hoffentlich gefällt euch der hübsche Wandteller.»

Der rauscht soeben krachend in den Müllsack. Señora Plischmann räumt auf. Sie hat da eine klare Linie. Die freundlichen Hinterlassenschaften der Gäste finden nicht in jedem Falle ihre Gnade. Schampon-Flaschen, die auf dem Kopf stehend signalisieren, dass mit etwas Anstrengung gewiss noch eine Haarwäsche aus ihnen herauszuwringen wäre, eingeteerte und ausgefranste Strandmatten, unvollständige Kartenspiele, zerlesene Bücher – alles landet in den großen, blauen Säcken. Auch die wohlgemeinten Verschönerungsobjekte für das gastliche Ferienhaus, an die Wand gehängte Jagdstillleben etwa, mit totem Geflügel darauf, oder an die Decke gepinnte Mobiles aus Gebimmelrohren werden wie jedes Jahr im Schuppen verstaut, aus dem die beharrlich Schenkenden sie bei ihrem nächsten Besuch dann wieder herauszerren dürfen.

Manche Gäste würde Herr Plischmann am liebsten davor warnen, ihre Ferien in seinem Haus zu verbringen. Solche zum Beispiel, die nie zuvor geübt haben, mehrere Wochen lang rund um die Uhr an einem Ort zusammenzusein.

Gemeinsam im Urlaub anzukommen ist eine Sache, dort miteinander auszukommen die andere. Vater ist ganztägig anwesend, die Kinder brauchen nicht zur Schule und Mutter probiert neue Rezepte aus. Wenn es dann draußen auch noch regnet, fällt das Haar ganz schnell mal in die Suppe. Oder was soll die Eintragung im Gästebuch sonst bedeuten: «Wir hatten eine echt geile Zeit in diesem Superhaus! Leider musste Papa schon nach drei Tagen wieder zurück nach Deutschland in die Firma und Mama ist ins Hotel gezogen. Aber wir fünf Kinder und Oma haben den Laden toll geschmissen.»

Dann muss Señor Plischmann allerdings lachen. Ein junges Paar hat etwas Gereimtes ins Gästebuch geschrieben. Er liest es der Gattin vor:

«Wir waren diesmal nur zu zweit
und das gab uns Gelegenheit
manchmal kurz aufs Meer zu blicken
und ansonsten nur zu – kochen.
Haha. Ines und Hubert.»

Die Hausherrin findet das gar nicht witzig und verkündet eisern: «Die kommen mir nicht mehr ins Haus!» Señor Plischmann gibt zu Bedenken, dass es doch schön sei, wenn ein zukünftiges Menschenkind später von sich behaupten könne, an diesem idyllischen Ort gezeugt worden zu sein, oder?

«Hier wurde gar nix gezeugt», ernüchtert ihn die Gattin, «ich musste noch massenweise gebrauchte Kondome wegräumen.»

Na dann. Herr Plischmann wird dem Traumpaar raten, in Zukunft unter anderem Namen und kurzfristig zu mieten sowie Spuren auch in Form von Gedichten zu vermeiden. Obwohl! Die zweizeiligen Erkenntnisse seines alten Bekannten und reimenden Vogelbeobachters Hansi O. – O. steht wahrscheinlich für Oberschlaumeier – gefallen ihm dann schon. Der hat nämlich ausgerechnet ihm, dem Hobbyornithologen Plischmann, ins Gästebuch geschrieben

«Hallo, Familie Plischmann!

Schaun Sie mal die Vögel an,

die man hier so sehen kann:

Der Stieglitz, buntester von allen,

kann wegen Buntheit sehr gefallen.

Den Rotkopfwürger, Kopf sehr schön,

hat hier noch niemand würgen sehn.

Der Rotrückenwürger kann entzücken.

Womit? Mit seinem roten Rücken.

Der Wiedehopf fliegt wie in Wellen

Und nistet an denselben Stellen.»

Jawoll, denkt Plischmann, der ornithologisch beschlagene Hausherr, das mit dem Wiedehopf ist mal eine formal und inhaltlich einwandfreie Beobachtung: Weiter so. Aber dann liest er:

> Die Möwe segelt hoch und kreischt
> als ob sie deinen Blick erheischt.
> Die Krähe sitzt ganz still und stumm
> Dort auf dem Telegraphenmast herum.
> Die Taube ist nicht sehr gewandt.
> Die Turteltaube aber: elegant.
> Die Mönchsgrasmücke hat, schau drauf!
> Ein kleines, schwarzes Mützchen auf.

Na ja nun, Kinderkram!, denkt Herr Plischmann, das kannst du deinen Enkeln andrehen, aber mir doch nicht. Doch zum Schluss hat Hansi O. eine gereimte Frage im Gästebuch hinterlassen und Avifauniker Plischmann – haha, wer kennt sich denn hier mit Vögeln aus! – triumphiert.

> Welcher Vogel ist das, der hier schreit
> Am Abend in der Dunkelheit?
> Von Eule oder Nachtigall
> Stammt das Geschrei auf keinen Fall!

Señor Plischmann greift entschlossen zum Stift und schreibt in großen, sehr deutlich lesbaren Buchstaben die Antwort ins eigene Gästebuch:

> Hansi O., du weißt nicht viel!
> Der da schreit, das ist der Triel!

«Schatz», fragt er seine Frau, die eben einen weiteren Müllsack ins Freie trägt, «kommen die Olbrichts dieses Jahr wieder ins Haus?»

«Ja, ich glaube schon. Sind doch nette Leute, oder?»

«Jaja. Sehr nett. Von Vögeln verstehen sie aber nicht viel. Er jedenfalls.»

«Und sie? Sag bloß du weißt da Näheres.»

Hähne

Gelegentlich beginnt die Planung des Lebensabends bei Ehepaaren mit dem verräterischen Satz:*«Wenn einer von uns beiden stirbt, ziehe ich nach Mallorca.»*

Ein schöner Gedanke, ein klares Ziel. Entschließen sich solche Paare dann doch noch vor dem Ableben eines der Beteiligten, gemeinsam auf der Insel zu siedeln, so geht meist ein Traum in Erfüllung.

Wenn auch nicht unbedingt ein gemeinsamer. Doch die Verhältnisse können sich ändern.

Besonders Großstädter aus Stressberufen mit extremem Hang zur Vermögensakkumulation sehnen sich in späteren Jahren nach dem einfachen, beschaulichen Leben auf dem Lande. Señor Muller hat es geschafft.

Er besitzt und bewohnt, was er wollte: den schönsten und romantischsten aller denkbaren Bauernhöfe in der Mitte Mallorcas. Mit Swimmingpool, Sauna und allen anderen Annehmlichkeiten, die das Landleben denen versüßen, die das Feld nicht mehr zu bestellen brauchen.

Aber natürlich hat er dem Bauern die Hühner abgekauft und die Hunde übernommen. Schließlich war er Landmann geworden und *«nicht wahr, Schatz»*, sagte er damals zukunftsfroh zu seiner Gattin, *«das wäre doch eine tolle Sache, sich die Frühstückseier von den eigenen Hühnern legen zu lassen!»* Die Gattin wollte lieber Pferde und bekam sie. Schließlich können zwei Pferde eine sinnvolle Investition in ein zukünftiges Gestüt sein, man weiß ja nie.

Die beiden fühlten sich vital genug, Hühner, Hunde und Pferde selbst zu versorgen, ja versprachen sich alternativen Lebenssinn aus solcher Beschäftigung. Gerne fütterte Señor Muller die Hunde und beförderte deren Wachsamkeit durch allerlei Dressurmaßnahmen. Das Geflügel-Projekt hingegen entglitt seiner Aufmerksamkeit bald. Die Hühner verliefen sich in der Umgebung, verwilderten schnell, ernährten sich selbst und vermehrten sich zügig. Gelegentlich fand er ein Ei. Das gab es dann mit großem Hallo und etwas Salz zum Frühstück.

Doch das ist einige Jahre her. Inzwischen hat sich vieles geändert. Señor Muller lebt gar nicht mehr gern auf dem Lande und fragt sich manchmal, ob er überhaupt noch gerne lebe.

Schuld daran sind die Hähne.

Nach der ersten Zeit voller organisatorischer Herausforderungen und glänzend gelöster Probleme bürokratischer, bautechnischer und finanzieller Art, hatte er sich tatsächlich zur Ruhe setzen müssen. Und Mallorca löste auch ihm gegenüber das schöne Versprechen ein, die «Insel der Stille» zu sein. Leider kann dies bei Menschen mit nur sehr langsam abklingender Motorik zu Verhaltensstörungen führen.

Sie empfinden die überwältigende Stille als lähmende, tranige, ja gelegentlich bleierne Gleichmacherin, die herausragende Leistung zugunsten allgemeiner Schläfrigkeit verhindert. Gesellt sich zur großen Ruhe auch noch die viele Zeit, wird das Leben vollends unerträglich.

Wie war das noch? Zeitfürst hatte er werden wollen! Täglich aufs Neue, weise und frei über ein 24-Stunden-Imperium herrschen können! Das war sein Traum gewesen.

Und was war er nun? König im Königreich der Langeweile. Und nachts kann er nicht schlafen. Jedes Geräusch weckt ihn auf, jeder Krach macht ihn wach.

Längst wird Ohropax in der Familienpackung gekauft, längst sind die Wachhunde abgeschafft, die nachts mit anderen Hunden auf entfernten Gehöften zu heulen pflegten. Aber die wahren Störenfriede sind unbesiegt: die Hähne.

Hähne sind die wahren Feinde des Friedens. Hähne halten sich nicht an menschliche Schlafenszeiten. Hähne krähen zur Unzeit. Manche zu spät, die meisten zu früh. Um das Anwesen von Señor Muller treiben sie sich in großer Zahl als ständige Begleiter der verwilderte Hühnerhorden herum. Zu jeder Tages- und Nachtzeit lautstark um Anerkennung und Sex wetteifernd.

Die Hennen mögen das. Señor Muller nicht. Hass hat sich in seiner Seele eingenistet. Heftige, zutiefst ungute Gefühle haben sich eines Mannes bemächtigt, der noch vor wenigen Monaten glaubte, seinen Frieden gefunden zu haben in der naturschönen Einsamkeit seiner Finca im Herzen Mallorcas. Nun leidet er unter hahnenschrei-bedingten Schlafzerreißungen, in deren Folge er zu allgemeiner Nervosität und Gereiztheit neigt.

Seine Gattin, Señora Gertrude Muller, die sich anfangs ausbedungen hatte, dass *«die trostlose Klitsche aber sofort verscherbelt wird»*, wenn sie sich dort einsam fühlen, sich langweilen oder verrückt werden sollte, hat dagegen ihr Glück gefunden. Sie radelt und reitet, arbeitet mit Lust und Ausdauer im Garten, übt sich in Yoga und verkehrt in esoterischen Damenkreisen. Die samtene Luft, die Sonne des Südens, gesunde Ernährung und regelmäßiger, tiefer, durch nichts zu störender Schlaf haben die Heiterkeit ihres Herzens und ihre verloren geglaubte Schönheit wieder aufblühen lassen.

Sie liebt die Natur. Jede Pflanze und jedes Lebewesen in der Umgebung kann ihrer Zuneigung und ihres Schutzes gewiss sein. Auch die verwilderten Hähne.

Nie darf sie erfahren, dass Señor Muller zum Killer geworden ist.

«Ich bring sie um. Ich bring sie alle um!»

Dieser heimliche Schwur, der nicht weniger als die komplette Ausrottung, die gnadenlose Vernichtung, die endgültige Ausmerzung sämtlicher gefiederter Terroristen, ja den größten Genozid an freilaufenden Hähnen in der Geschichte der Insel Mallorca zum Ziel hat, hält Señor Muller am Leben.

Aber er trifft nicht. Er ist ungedient und im Umgang mit der Waffe nicht geübt. Mit der Gummizwille hat er sich den Daumen verletzt. Das neue Luftgewehr darf seine Frau nicht sehen, weshalb es im Schuppen unter Säcken verborgen liegt und in den entscheidenden Hahnenschreivergeltungssituationen nicht zur Verfügung steht. Kann er es aber in Abwesenheit der Gattin benutzen, dann trifft er nicht, weil die Hähne innerhalb einer einzigen Woche gelernt haben, in die Bäume zu fliehen, sobald sie den Mann mit der Flinte sehen. Ist Señora Muller zu Hause, so stolzieren sie erhobenen Hauptes in traulicher Nähe über Hof und Terrasse. Und noch jeden Versuch Señor Mullers, am Nachmittag bei einem Nickerchen am Pool versäumten Nachtschlaf nachzuholen, machen sie mit kraftvollem Krähen zunichte.

Seine plötzlichen Wutausbrüche irritieren die Gattin und einzige Gefährtin in der traumschönen Zurückgezogenheit ihres sonnigen Alterssitzes nicht.

Sie erinnern sie an die Jahre seiner Erwerbstätigkeit in einer Hamburger Versicherungsanstalt.

Unerfreulicher findet sie seine Neigung, tagsüber gelegentlich unvermittelt einzuschlafen. Es ist kein schöner Anblick, wenn der eigene Gatte im Restaurant beim Mittagessen mit Freunden noch vor der Nachspeise mit offenem Mund zu schnarchen beginnt. Auch erfordert sein gelegentliches Einnicken bei gemeinsamen Autofahrten ihre volle Aufmerksamkeit – jedenfalls wenn er selber am Steuer sitzt und reaktionsschnell geweckt werden muss. Das hat nicht immer geklappt.

Unschön deshalb auch der Anblick des zerbeulten Wagens mit den Kratzspuren von Feldsteinmauern.

Neuerdings gibt es aber doch so etwas wie Fortschritt in der ganzen Angelegenheit. Señor Muller liegt mit starken Schlaf- und Schmerzmitteln ruhiggestellt im Bett. Er hat seinen ersten Hahn umgebracht. Bei dem Versuch, das tote Tier vom Weg zu bergen, wo es ihm unter das Auto gelaufen war, hatte sein eigener Wagen auch ihn selbst überrollt. Er hätte die Handbremse anziehen sollen. Zwar gelang es ihm noch, trotz des gebrochenen Beines, den Tierkadaver mit einem Tritt außer Sichtweite seiner Gattin zu befördern, aber er hatte erhebliche Schwierigkeiten, später den Hergang seines Unfalles zu erklären.

Und so kann es nicht verwundern, dass Señora Muller am Krankenlager des stark Verwirrten neulich der Satz entschlüpfte: *«Weißt du, Schatz, wenn einer von uns beiden stirbt, bleibe ich in Mallorca.»*

Der Walnuss-Mythos

Der Bauer Bernardo hat mir zwei Hände voll Walnüsse geschenkt. Mit der verschwörerisch vorgetragenen Bemerkung, sie seien sehr gut, vor allem für stillende Mütter. Da fließe die Milch nur so. Und er begleitet seine Worte mit einer eindeutigen, zweihändigen Geste.

Ich bin, habe und kenne keine zur Zeit stillende Mutter. Ich mag auch Nüsse nicht besonders und finde es beschwerlich und nicht wirklich der Mühe wert, zu ihrem Kern zu gelangen. Nie würde ich mir Nüsse kaufen. Nüsse gibt's zu Weihnachten.

Und doch: dass sie – jedenfalls die Walnüsse – den Fluss der Lebenskraftnahrung einer jungen Mutter für ihr Kind zu befördern in der Lage sein könnten, setzt sie in ein neues Licht. Was ist das? Eine uralte, bäuerliche Erfahrung? Eine bewährte Verkaufsförderungsbehauptung der Walnussbauern?

Walnüsse sind selten hier im Südosten Mallorcas. Auf Walnüsse spezialisierte Bauern hat es nie gegeben. Ist es also eine tradierte, vielleicht törichte, oder sogar falsche Behauptung, die lediglich agrokulturelle Kompetenz signalisieren soll?

Aber warum so skeptisch? Was geht es mich an? Warum bin ich nicht einfach dankbar für zwei Hände voller Walnüsse und einen kleinen, lebensbejahenden Mythos obendrauf?

Weil man sich nicht in die Tasche lügen soll. Auch nicht in eine Tasche voller Walnüsse. Bernardo selbst ist kinderlos. Wie seine Frau kann er weder lesen noch schreiben. Sein Wissen ist argloses Vertrauen in das, was so gesagt wird.

Es ist September auf Mallorca. Ein Spätsommernachmittag. Altweiberglast und Schafsgebimmel, nicht fern so blau das Meer. Pastorale mit Nussknacker. Ich habe begonnen, die Walnüsse zu probieren.

Nüsse zu knacken ist auf dem Land ganz einfach. Man legt sie auf einen Stein und haut mit kurzer, wohldosierter Kraft mit einem anderen Stein darauf. Natürlich schmecken sie großartig und sehr, sehr frisch.

Alle sagen, man könne bei Nüssen so schlecht aufhören. Ich kann das jetzt bestätigen. Auch rücke ich dem Gedanken näher, dass die Walnuss auf Grund mir unbekannter, mit der weiblichen Muttermilchdrüse korrespondierender chemischer Zusammenhänge aktivierend auf diese einzuwirken in der Lage sein könnte. Es bleiben aber Zweifel.

Und vor allem: was ist mit mir? Könnte ich, bei übermäßigem Walnussgenuss, auch stillen? Und wäre – gegebenenfalls – ein Kleinkind zur Hand?

Solche erfreulich lachhaften Überlegungen und fortgesetztes Walnussknacken führen zu der weiß Gott überraschenden Frage, ob ich denn überhaupt irgendein mütterliches Gefühl in mir beherberge. Ich habe meine inzwischen erwachsene Tochter zehn Jahre lang mehr oder weniger alleinerziehend begleitet wie Ihrer Majestät Leibgardist. Allzeit furchtlos und kampfbereit. Sie hat mir beigebracht, dass bei so kleinen Lebenskampfeinheiten wie der unseren Vorsicht ebenso angebracht sein kann wie Mut, und so haben wir uns mit vereinten Kräften bis heute ganz tapfer durchgeschlagen. Aber was hat das mit mütterlichen Gefühlen zu tun?

Bei der zehnten Walnuss fallen mir die Gutenachtlieder von damals wieder ein, bei der fünfzehnten die Umstände jener dramatischen Blinddarmoperation, bei der achtzehnten ihre ersten Worte, bei der dreiundzwanzigsten ihre Lieblingsgesichtausdrücke beim In-die-Windeln-Machen und bei der dreißigsten verspüre ich einen leichten Druck auf der Brust. Eine weiße Flüssigkeit tritt allerdings nicht aus. Nach der dreiunddreißigsten immer noch ebenso frischen wie wohlschmeckenden Walnuss ist dann aber klar, dass der Druck nicht aus der Brust, sondern vom Magen kommt.

«Mein liebes Kind», schreibe ich später in leicht gekrümmter Bauchschmerzhaltung in meinen seit langer Zeit ersten Brief an sie – man telefoniert ja sonst nur – «Mein liebes Kind, wusstest Du, wie ungesund frische Walnüsse sein können? Aber, und das wusstest Du sicher nicht, sie haben auch die verblüffende Eigenschaft, den Fluss von Vatermilch zu aktivieren. Den Beweis lege ich Dir in Form dieses Hunderters bei. Bedanken solltest Du Dich dafür bei Bernardo. Er kennt die alten Mallorquinischen Walnussbauern-Mythen.»

Vollmond

Mal wieder voll. Doch still und leise
macht sich der Mond auf seine Reise.
Er ist so breit, so zugeschlaucht,
dass er heut wieder endlos braucht,
bis hinten links am Horizont
er endlich in die Gänge kommt.
So richtig hoch schafft er es nicht.
Zu abgefüllt. Zu voll. Mit Licht.
Doch immerhin, obwohl betankt,
wird nicht gewackelt, nicht gewankt.
Fast würdevoll, trotz vollem Kahn,
zieht er mit Vorsicht seine Bahn.
Sehr niedrig. Bis zum Mandelbaum.
Dort hält er inne. Zögert. Kaum
merklich, aber im Bestreben,
sich ungesehn zu übergeben.
Doch dies ist nicht die Stelle.
Mit diesem Rausch. In dieser Helle.
Der Mandelbaum, der spanische,
spielt plötzlich ins Japanische.
Ganz scherenschnittig ziseliert,
fein transparent dahindrapiert,
spreizt er sein Filigrangeäst –
was leider alles sehen lässt

vom Mond; der das nun auch einsieht
und heiter trunken weiterzieht.
Was soll's. In einer knappen Stunde
wird unser Freund, der pralle, runde
dort hinterm Berg verschwunden sein.
Da ist er ganz mit sich allein.
Da tut er's dann.
Weil ich ihn nicht mehr sehen kann.
Typisch.

Mobiltelefono

Es war damals, als die Handys ihren Siegeszug antraten, als man noch mit Peseten bezahlte und Großgrundbesitz nicht deutsch, sondern noch begehbar war:

Dorthin, wo der Kellner zur Begrüßung lächelt, der Wirt einem nach längerer Abwesenheit die Hand reicht und sich die Wiedersehensfreude ansonsten in den kargen Grenzen mallorquinischer Herzlichkeit hält, dorthin komme ich gerne zurück.

Zwischen dem «Hostal» und der großen Hafenbucht von Porto Colom liegt nur die schmale, piniengesäumte Uferstraße. Auf dem Bürgersteig stehen Tische und Stühle. Nichtsesshafte, englische Rentnerehepaare, die ihr Leben auf kleinen Segelbooten verbringen, kehren hier ein, um nur mal die kauzigsten Gäste zu nennen. Und jeder andere Einwohner oder Besucher von Porto Colom natürlich auch; irgendwann mal im Laufe des Tages.

Diese Lage! Dieser Blick! Diese Leute! Diese völlige Abwesenheit von gastronomischem Getue! Und dieser Kaffee! Es gibt nirgendwo auf der Welt einen besseren Milchkaffee als im «Hostal» in Porto Colom. Das ist kein subjektiver Eindruck, sondern objektiver Tatbestand. So steht es geschrieben; man kann es nachlesen. Und zwar genau hier, in diesem Bericht. Sie benutzen Regenwasser aus der Zisterne dafür und im Inneren der Bar thront – als Garant für ein Aroma von historischen Ausmaßen – eine formstarke Kaffeemaschine der Marke «Gaggia» aus vergangener Zeit.

Es ist ein sonniger Vormittag Ende Februar. Für eine Weile kann man schon draußen sitzen. Um diese Jahreszeit ist Porto Colom ein Ort von gelassenster Ruhe.

Bis sich der ältere Herr im himbeerfarbenen Hemd und mit weißem Spitzbart im kugelrunden Gesicht direkt am Nebentisch niederlässt, bin ich der einzige Gast. Kurz vorher waren zwei französische Damen erschreckend nahe an mich herangetreten und hatten mir plappernd ihre Gesichter entgegengestreckt.

Als ich mich nach einer Weile recht unsicher zu irgendeiner Art Vorstellung erheben wollte, wurde unangenehm klar, dass sie lediglich die Speisekarte an der Wand direkt hinter meinem Kopf studierten und mich überhaupt nicht zur Kenntnis nahmen.

Also verpissez vous, mesdames! Hier gibt es erst abends etwas zu essen und für französische Gaumen schon mal gar nichts.

Bei dem Herrn am Nebentisch handelt es sich um einen Deutschen, das wird bei der Bestellung bereits klar. Und um eine enorm dreiste Person, so viel steht auch fest. Ich kenne den Mann nicht, darf das aber sagen, weil ich sein Telefongespräch mit anhören muss, während ich hinter der Zeitung das Lesen einstelle. Immerhin, er führt es nicht freiwillig, sondern wird angerufen. Aus den Augenwinkeln sehe ich, wie er irritiert das piepende Handy aufnimmt, höre ihn dann aber in routinierter Freundlichkeit flöten: *«Kaiiiiser. – Was kann ich für Sie tun? – Ach Sie sind's! Ja gerne. Kein Problem. Ich schau mal eben im Computer nach.»*

Versonnen schaut er aufs Meer. Weit und breit kein Computer. Dann spricht er wieder.

«Ihre Unterlagen werden von Frau Staniewsky bearbeitet. Die ist heute beim Arzt. – Nein, nichts Schlimmes. – Das macht nichts. Wir haben die Zahlen ja im Computer. Ich hab sie gleich.»

Nichts hat er, außer einem rötlichen Pokerface mit einem weißen Bart darin. Ich lasse die Zeitung sinken. Er schaut mich an, kneift aber kein Auge zu, sondern bedeutet mir mit einer beschwichtigenden Geste der freien Hand, ihn beim weiteren Verlauf des Gespräches nicht zu irritieren.

«Und? Wie läuft's Geschäft? – Das ist schön. – Ich? – Na ja, einer muss ja die Stellung halten. – So, jetzt hab ich's.»

Ich glaube es nicht. Der Mann improvisiert sich um Kopf und Kragen. Doch nun nickt er mir zu, hebt bedeutungsvoll den Zeigefinger, holt tief Luft und stöhnt auf: *«Ach du Scheiße! Ach du verdammte Scheiße. – Nein. Entschuldigung.*

Hier ist was Saudummes passiert. - Der Computer ist abgestürzt. Ja. Immer muss mir so was passieren. - Aus. Nix läuft mehr. Und dann noch am Freitag Nachmittag. - Naja. Fast. – Herr Weihönig, die Sache ist mir wahnsinnig peinlich. Aber: Sie kennen die Technik, Sie wissen was da für Schweinereien passieren. Da sind wir beide machtlos. Ich versichere Ihnen, am Montagmorgen um acht ist Frau Staniewsky exclusiv für Sie da. – Nein. Ich bin am Vormittag noch im Außendienst und komme dann später rein.»

Spricht's ohne zu erröten und wünscht ein schönes Wochenende.

Ich bin zu beeindruckt, um ihn nicht anzugrinsen. Iffland-Ring oder fristlose Entlassung, irgendwas hat er verdient. Er grinst zurück und hebt dabei eine Augenbraue.

«Das ist meine Standardnummer. Seit man bei uns den Firmenapparat auf ein Handy umstellen kann, bin ich Minimum einmal im Monat auf Mallorca. Last Minute. Das ganze lange Wochenende. Und keiner weiß was.»

Nein, der Chef in der Firma sei er leider keineswegs. Er genießt mein Staunen und bittet um einen Teil der Zeitung.

Eine junge Frau mit kleinem Kind auf dem Arm und einem Hund an der Leine schlendert auf dem Gehweg an uns vorbei. Laut und heiter spricht sie spanische Sätze in ihr Handy. Dafür, dass der Hund an der Leine in der linken Hand, mit der die Frau auch das Telefon an ihr Ohr zu pressen versucht, immer wieder ruckhaft zerrt und das Kind auf ihrem rechten Arm in das andere Ohr plappert, ist es ein erstaunlich entspanntes Gespräch.

Der Lastwagen mit den orangeroten Butangasflaschen fährt vor und verstellt den Blick auf's Meer. Die beiden Butangasflaschenauslieferer lassen sich zum zweiten Frühstück nieder. Im Inneren der Bar klingelt das Telefon. Der Kellner Manolo begibt sich gemessenen Schrittes hinein. Vom Tisch der Gasmänner tönt schallendes Gelächter. Sie haben drinnen angerufen und bestellen per Handy ihren Carachillo für draußen. Manolo serviert ihn mit leichtem Verdrehen der Augen. Sehr witzig.

Ich lege die Füße auf den gegenüberstehenden Plastikstuhl. Sie schmerzen immer noch. Das sind die Folgen einer Bergbesteigung, bei der ich gerne ein Handy dabeigehabt hätte. Bernardo hat mir seinen Berg gezeigt. Seit Jahren schon verspricht er, mich dort hinaufzuführen. Gestern ist es passiert. Der Berg mit einer noch aus großer Entfernung sichtbaren Höhle liegt auf dem viele Quadratkilometer riesigen Gebiet der herrschaftlichen Finca El Fangar. Dort hat Bernardo seine Kindheit verbracht.

«Es ist Privatgelände. Zutritt verboten. Aber ich darf immer hin. Mein ganzes Leben lang. So oft ich will. Don Pedro Juan hat es mir vor vielen Jahren in die Hand versprochen. Ich kann jederzeit überall herumlaufen.»

Wir haben lange gebraucht bis nach oben. Der Weg war steiniger, weiter und steiler, als mir lieb sein konnte, aber offenbar immer noch kürzer, als Bernardo ihn aus Kindheitstagen in Erinnerung hatte.

Er ist ein rüstiger Siebziger, schließt sich den Verschnaufpausen seines deutlich jüngeren Begleiters aber gerne an, um Geschichten zu erzählen. Wie sie hier oben in ihre Höhle gekrochen sind, als das Flugzeug kam.

«Was für ein Flugzeug?»

«Das mit den Bomben. Aber über uns waren sieben Meter Fels und da, schau, der Eingang zur Höhle ist nur dreißig Zentimeter hoch. Hier waren wir sicher. Sie konnten uns nichts anhaben.»

Ach, Bernardo, wer wollte denn jemals Bomben auf kleine Hirtenbuben in den Bergen werfen?

«Cuidado! Sei vorsichtig!», ruft er. *«Es gibt hier gefährliche, wilde Stiere.»*

Immer noch besser als Flugzeuge, aber auch ganz unmöglich.

Hier gibt es nur Steine und darüber dichtes, hartes Gestrüpp. Keine Kuh würde sich hier hinaufverirren.

«Bernardo, wo kommen die vielen Steine her?»

«Sie werden hier geboren.»

Wir steigen weiter. Von den Turnschuhen hängt das Leder in kleinen Fetzen herab.

«Haha! Mira! Mira! Was habe ich gesagt! Stiere!»

Der Alte bückt sich und hebt triumphierend einen runden Kuhfladen vom Boden auf. Staubtrocken, von Sonne und Regen sterilisiert, und in der haltbaren, geradezu emblematischen Form jenes mallorquinischen Gebäckstückes ... los, Bernardo, sag du es.

«Sieht aus wie eine Ensaimada, he? Mindestens zwanzig Jahre alt. Wir könnten sie Mathias vom ‹Can Gusti› als

Geschenk mitbringen, wenn wir nachher dort essen gehen», sagt er und lacht so dorfjungenfroh, wie er damals gelacht haben mag.

Ganz oben schließlich fordert er mich auf, mich mit ihm hinter eine Felskuppe zu hocken und über deren Rand nach Nordosten zur Küste zu spähen.

«Dort, Porto Christo! Von hier haben wir die Schiffe gesehen. Sie kamen vom Festland und haben die Stadt beschossen. Damals kam auch das Flugzeug.»

Das war 1936. Ich habe es nachgelesen. Damals wurde im Spanischen Bürgerkrieg die Hafenstadt Porto Christo erfolglos von der republikanischen Marine angegriffen.

Bernardo mag damals zehn Jahre alt gewesen sein. Seine Eltern arbeiteten als Tagelöhner auf El Fangar. Die Familie wohnte, wie andere Landarbeiter, in den Hütten neben den Schweinekoben. Sie schliefen auf Stroh. Die Kinder gingen nie zur Schule. Bernardo erzählt von der Weinlese, von Schlachtfesten und von der oft tagelangen Suche nach verirrten Jungtieren. Auch davon, dass er erst dreißig Jahre später in die große Stadt Palma gekommen sei.

Aus der Ebene tönen Kuhglocken herauf. Kilometerweit entfernt liegt das große Gehöft.

«Hast du dein Mobiltelefono dabei?»

Aus dem zusammengeknoteten Taschentuch, in dem er Schlüssel und Münzen aufbewahrt, nimmt Bernardo einen Zettel heraus. *«Ich habe mir die Telefonnummer extra aufschreiben lassen. Wir könnten Don Pedro-Juan anrufen.»*

Nein, damit kann ich hier oben leider nicht dienen. Ich habe mein Handy nicht mitgenommen. Aber er lässt sich den Spaß nicht verderben. Da steht er auf seinem Berg, tut so, als telefoniere er mit dem nicht vorhandenen Handy am Ohr und ruft hinunter in die Ebene und in die Ferne seiner Kindheit:

«Hola, Don Pedro! Ich bin's, Bernardo! Si, Bernardo, der Sohn von Antonio und Margarita. Du weißt doch. Nimm das Fernglas und geh zum Fenster. Dann kannst du uns sehen. Auf dem Berg, Don Pedro! Ganz oben! Siehst du mich winken?»

Und vergnügt wie immer lacht er und winkt.

Ich lache auch noch einmal und winke. Diesmal dem Kellner Manolo. Im «Hostal» am Hafen von Porto Colom hat das Telefon am Nebentisch wieder geklingelt. Herr Kaiser sagt *«Kaiiiser. – Was kann ich für Sie tun?»*

Zwei Café con Leche kosten dreihundert Peseten. Den Rest der Zeitung lege ich Herrn Kaiser auf den Tisch.

Die himmelblaue Trichterwinde

Mit einem ganz besonders strahlenden Sonnenaufgang über dem nahen Meer begann jener Tag, an dem Señor Peffke – und er ganz allein – das Geheimnis der himmelblauen Trichterwinde lüftete.

Viele haben vergeblich versucht, in Mallorcas schönster und unverwüstlichster Lianenpflanze das zu finden, was sie in Mexico angeblich im Übermaß zu bieten hat: halluzinogene Wirkung. Señor Peffke sollte sie zu spüren bekommen.

Die himmelblaue Trichterwinde, deren zart knallblaue Blüten wie aus Salomonis Seide sich allmorgendlich auf dem üppigen Dunkelgrün ihrer Blätter zur Sonne hin öffnen, ist zu dieser frühen Stunde einwandfrei das, was ihr englischer Name besagt: eine «Morning Glory».

Auch Señor Peffke empfand dies so, als er im Schatten seiner Pergola stehend, kurz vor sechs Uhr morgens die Ankunft der Arbeiter erwartete.

Die drei schlanken Säulen, auf denen das Dach der

Pergola ruhte, waren umrankt, ja umwuchert von der fast wild wachsenden Pflanze. Und ebenso beiläufig wie irritiert stellte er nicht zum ersten Mal eine gewisse Asymmetrie zwischen den Säulen fest, die er sich nicht erklären konnte.

Aber er hatte heute andere Sorgen. Gleich würden die Arbeiter kommen, jene drei, denen er jedes Jahr aufs Neue bei den fälligen Um- und Anbauten an seinem schönen, ländlichen Anwesen half. Er betrachtete sie mittlerweile als Freunde, fühlte sich wohl bei der körperlichen Arbeit mit ihnen, ja genoss auch die anstrengendsten Tätigkeiten, mit denen sie ihn betrauten und schleppte in diesem Jahr beim Renovieren der alten Feldmauern unverdrossen die allergrößten Steine heran. Das ging von morgens um sechs bis mittags um zwei. Danach fühlte er sich so vollkommen fertig und ausgelaugt, so gesegnet kaputt, wie es ihm bei seiner normalen Schreibtischarbeit niemals widerfahren konnte. Er gönnte sich diesen Luxus jedes Jahr mindestens zwei Wochen lang, weil er die Erfahrung gemacht hatte, dass ihn diese Zeit auf wundersame Weise erstarken ließ.

Heute musste er seine Freunde allerdings zu unvorhergesehenen Arbeiten ganz anderer Art motivieren; das war ein Problem.

Die Arbeiter kamen. Wortkarg wie immer um diese Tageszeit, gesellten sie sich zu ihm, um im Stehen den vorbereiteten Café Solo zu schlürfen, wurden aber von Señor

Peffke aufgefordert, einen Moment Platz zu nehmen. Man müsse etwas besprechen.

Eskip, ein großer, kräftiger, lebenslustiger Mann aus Amerika, der als erfolgreicher Bauunternehmer sein Glück auf Mallorca gemacht hat, zögerte keine Sekunde, verlangte nach Bier und legte seine Füße auf den Tisch. Er war Herr über sechs weitere Baustellen und arbeitete bei Señor Peffke nur deshalb eigenhändig mit, weil dieser nun einmal sein ältester und unterhaltsamster Kunde war. Außerdem liebte er es, neue Mauern zu bauen, die hundert Jahre alt aussahen. Miguel und Kiki, zwei dunkelhäutige Vettern aus Andalusien, die sich rechtzeitig zum großen Bau-Boom auf Mallorca eingefunden und seither, außer sonntags, keinen freien Tag gehabt hatten, ließen sich erwartungsvoll grinsend ebenfalls nieder.

Señor Peffke begann, in gewohnt miserablem Spanisch, sein Problem darzulegen. Die Stimmung stieg schnell.

Heiterkeit kam auf, was nicht in seinem Sinne war, denn er versuchte verzweifelt, den Ernst seiner Lage deutlich zu machen. Seit gestern Abend war die Toilette verstopft! Bis oben hin! Es stank im ganzen Haus, sie konnte nicht mehr benutzt werden.

«*Kein Problem*», versuchte Kiki zu beruhigen, «*wir gehen aufs Feld hinter die Büsche.*»

«*Aber es muss etwas unternommen werden!*», flehte Señor Peffke. Und Eskip schlug vor, man solle doch neben dem Haus ein Kakteenwäldchen anlegen, so wie es früher bei den Mallorquinischen Bauern als Abort benutzt wurde. Das könne zwar noch etwas dauern, aber in der Zwischenzeit wäre er dankbar für ein weiteres Bier.

Señor Peffke, für Scherze kaum noch empfänglich, aber mit Bier gut ausgestattet, teilte nun Dosen an alle aus und berichtete in nicht immer verständlichen Worten, was er in der scheußlichen Sache bereits unternommen hatte. Weder mit einem langen Draht noch mit einer Spirale, geschweige denn mit Chemie, sei es ihm nämlich gelungen, der Katastrophe beizukommen.

Innerhalb des Hauses könne die Verstopfung nicht sitzen. Aber auch die Sickergrube habe er bereits freigelegt, geöffnet und besichtigt. Sie sei ebenfalls nicht verstopft, ja, fast leer.

Miguel führte zum wiederholten Male vor, wie er mit einer Hand Zigaretten zu drehen verstand, und stellte Ringe paffend fest, dass die Verstopfung sich demnach irgendwo außen zwischen Hauswand und Sickergrube befinden müsse.

«*Und das heißt, dass der Hof aufgerissen werden muss*», schrie nun schon fast Señor Peffke, «*oder weiß irgendjemand, wo das verdammte Rohr verläuft? Und wo es den dreimal verdammten Knick macht, wo sich die gottverdammte Scheiße wahrscheinlich staut?*»

Señor Peffke war ins Deutsche verfallen, aber verstanden worden. Ratlos schweiften seine Blicke über Hof und Pergola-Boden.

Die Sonne stand nun schon höher. Es würde wieder einer dieser sehr, sehr heißen Tage werden. Man musste bereits die Augen zukneifen, um aus dem Schatten in die gleißende Helligkeit des Hofes mit seinen reflektierenden Sandsteinplatten hinauszuschauen. In spätestens einer Stunde würden dort Temperaturen über vierzig Grad herrschen. Da draußen zu arbeiten, wäre die Hölle. Und im Erfolgsfall sogar die stinkende Hölle.

Señor Peffkes Freunde erhoben sich nun, sagten Sätze wie *«Keine einfache Sache, das»*, *«Muss man drüber nachdenken»*, *«Shit happens»*, *«Wir packen's dann mal»* und schlenderten plaudernd hinüber in den Schatten der großen Johannisbrotbäume, wo sie ihre Arbeit an der Mauer aufnahmen.

Zurück blieb, auf der Schwelle von Resignation zu Verbitterung, Señor Peffke. Er war müde von den so erfolglosen Anstrengungen der vergangenen Nacht und entschied, dass auf die Solidarität der spanischen Arbeiterklasse nun wirklich und im wahrsten Sinne des Wortes geschissen sei. Er würde eine Spezialfirma beauftragen, die ganze Sache zu bereinigen. Und an der Mauer würde er heute auch nicht helfen.

Melancholisch schaute er in die Ferne aufs blaue Meer, schaute hinauf zum blauen Himmel, schaute auf die strahlend blauen Blüten der Morning Glory, und wenn ich weiter so saufe, dachte er, dann wird das ein verdammt blauer Morgen, heute Morgen. Aber da war ja noch das beruhigende, dichte Grün der großen Pflanze, in das er seine Blicke nun zum Ausruhen legte.

Große Blätter sind das, dachte er, erstaunlich groß. Nie im Leben hatte er so große Blätter an einer Himmelblauen Trichterwinde gesehen. So groß, dass man bei Regen den Kopf damit bedecken könnte. Aber es regnete ja nicht. Heute nicht und in den nächsten fünf Wochen sicher auch nicht. Rhabarberblattgroß. Dschungel-Lianengroß. Coaxihuitl! Er glaubte, die Pflanze nun schon als Mexikanische Schlangenpflanze bestimmen zu können, und die schönen Namen ihrer amerikanischen Verwandten fielen ihm ein: Heavenly Blue, Pearly Gates, Flying Saucers, Blue Star, Summer Skies oder Wedding Bells.

Zauberische Gewächse alle miteinander. Und die Blätter schienen immer größer zu werden. Irritiert wandte er den Blick ein wenig nach links zur nächsten Säule – und alles war anders. Der mexikanische Zauber hatte seine Kraft verloren, die magischen Minuten waren vorüber. Die Blätter waren wieder klein, jedenfalls ganz normal handtellergroß. Er schaute noch einmal zur ersten Säule zurück und plötzlich war er da: der Flash, der schöne Augenblick der Erkenntnis, des Durchblicks und der Wahrheit. Die Blätter dort waren immer noch groß. Und zwar riesengroß. Er hatte es nur früher nie gesehen. Aber wer achtet schon auf die Blätter, wenn die Show von den Blüten veranstaltet wird! Und wer, wer schon auf die Wurzel allen Übels?

Señor Peffke natürlich. Er ganz allein.

Von Bruder Klarheit und Schwester Ruhe an die Hand genommen, von Gevatter Entschlossenheit energisch dirigiert, schritt er jetzt auf seine nichtswürdigen Freunde zu, griff sich, ihre Scherz- und Schmähworte ignorierend, wortlos die Spitzhacke und ließ sie wenig später mit wütender Kraft auf die Steinplatten des Hofes niederkrachen.

Herr Dr. Peffke – wir wollen ihn nun zum Doktor befördern; Doktor der Hellsicht und Doktor der Weisheit – riss den Hof zielsicher genau dort auf, wo sich der Knick des Abflussrohres befinden musste: am Fuße der rechten Pergola-Säule. Dort, wo er die ganz großen Blätter entdeckt hatte. Nach einer Stunde verbissenster Arbeit war klar, dass er einen Volltreffer gelandet hatte! Hier, in einem Meter Tiefe, hatten sich die gierigen Wurzeln der dort unten alles andere als himmelblauen Trichterwinde in das Rohr hineingefressen, es endlich gesprengt und in dichtem Spalier über Jahre hinweg alles aufgesaugt, was an Nahrhaftem aus dem Hause Peffke vorbeikam.

Deshalb war die Sickergrube leer und das Blattwerk an dieser Stelle so riesenhaft. Nun aber kam nichts mehr vorbei. Zu dicht die Wurzeln, zu satt die Pflanze und alles, aber auch alles hatte sich über eine Strecke von etwa zwölf Metern bis hinauf zur Toilette im ersten Stock gestaut.

Während der folgenden vier Stunden legte Señor Peffke lediglich zwei kurze Pausen ein, um sich, unbemerkt von seinen falschen Freunden, hinter dem Haus zu übergeben.

Mit seiner Hände Arbeit, eingezwängt im selbstgeschaufelten Höllenloch, aber mit dem magisch eisernen Willen, dies alles zu überleben und noch vor dem zu erwartenden Hitzschlag oder Ohnmachtsanfall den Naturskandal beseitigt zu haben, schaffte er das Unmögliche. Die Toilette war wieder frei.

Eskip, Miguel und Kiki waren nun doch herbeigekommen, um zu applaudieren und den schwankenden Mann, seines Gestankes nicht achtend, zur Dusche zu geleiten. Er würdigte sie keines Wortes, war dessen wohl auch nicht fähig.

Später, der Arbeitstag war für alle beendet, saßen sie noch einmal unter der Pergola zusammen.

«Es gibt hier auch eine Firma», sagte Eskip, *«die solche Probleme mit Hochdruckgeräten beseitigt. Ich habe nichts davon gesagt, weil dabei meistens alle Rohre kaputtgehen und weil diese Leute neulich bei einem anderen deutschen Señor das Gerät außen angesetzt haben. Alles, was du hier rausgeholt hast, haben sie dem ins Haus geblasen. Es war vierzehn Tage lang unbewohnbar. Und die Rechnung für die Renovierungsarbeiten habe ich ihm gestern geschickt.»*

Man prostete sich zu und langsam hob nun auch Señor Peffke sein Glas. Eiskalte Rotweinschorle kann unter gewissen Voraussetzungen eine solch überirdisch entspannende, bis in die tiefsten Gründe der menschlichen Seele Erfrischung verbreitende Wirkung haben, dass selbst starke Verbitterung allmählich ins Süße driftet.

Zu dieser Stunde hatten sich die Blütenkelche der Himmelblauen Trichterwinde in der Mittagshitze bereits wieder geschlossen.

Ruhe!

Das Land strahlt eine Ruhe aus,
das zieht Dir glatt die Schuhe aus.
Sie strömt so friedlich angenehm
durch Dein nervöses Reizsystem,
als könne gar nichts Dich mehr stören.
Sie lässt Dich sehen, fühlen, hören.

Du lebst, mein Freund, es ist so weit:
im Zustand der Ergriffenheit.
Den aber auch zu formulieren,
das sollst Du lieber nicht probieren.
Das mögen besser andre tun.
Du – solltest jetzt ein wenig ruhn.

Die Schuhe – siehe oben –
sind ja schon ausgezogen.

Titanic

Nichts gegen schöne, große, prächtige Boote.

Gerade vor einer so schönen Insel wie Mallorca gehören sie zum Großartigsten und Prächtigsten, was man auf das blaue Meer hinsetzen kann. Was wäre Mallorca ohne seine herrlichen Yachten und stolzen Segelschiffe! möchte man ausrufen. Aber man lässt es lieber, denn hier wird sowieso zu viel über große, prächtige Boote gesprochen. Offenbar jeder, der die sportliche oder luxuriöse Art der Fortbewegung auf dem Meer schätzt, fachsimpelt durchgehend und ausschließlich über große Boote. Und genau damit ist jetzt vorübergehend mal Schluss.

Ich selbst bin nämlich Besitzer eines kleinen, 2,49 Meter langen Bootes. Das heißt, das Boot ist 4,98 Meter lang, aber mir gehört nur eine Hälfte davon. Die andere ist Eigentum eines Freundes, der auf Mallorca lebt.

Das Boot selbst liegt in seiner Gesamtheit ebenfalls in mallorquinischen Gewässern und steht mir jederzeit zur Verfügung.

Leider kann ich nur selten davon Gebrauch machen.

Das offene Meer ist für ein kleines Boot, jedenfalls wenn ich es nutzen will, fast immer zu rau und zu bewegt, als dass sich ein hochseescheuer Hesse vernünftigerweise hinaustrauen sollte. Lädt es aber tiefblau und beruhigend glatt in der strahlenden Sommersonne zu kleinen Bade-Ausflügen in einsame Buchten, dann kann ich davon ausgehen, dass der Freund bereits mit unserem Boot unterwegs ist. Jedenfalls habe ich es zum letzten Mal vor zwei Jahren benutzt, und zwar am letzten Tag meines Urlaubes, nachdem der Mechaniker die Wasserpumpe dann doch noch ausgetauscht hatte. Mechaniker interessieren sich generell nicht besonders für kleine Boote. Mag sein, dass sie genug mit den großen zu tun haben, mag aber auch sein, dass sie kleine Boote nicht mögen. Es ist ja auch alles so klein und fummelig dort. Außerdem geht nie richtig viel oder etwas lohnenswert Teures kaputt.

Dabei ist mein halbes Traumschiff natürlich ein ganz wunderbares Boot. Nämlich eine «Llaut», ein mallorcatypisches Diesel-Tucker-Boot für die küstennahe Fischerei, das deswegen 4,98 Meter lang ist, weil Boote ab 5 Metern Steuern kosten. – Ja nun, irgendwelche Vorteile muss auch ein kleines Boot haben! – Ich liebe und warte es, d.h., ich warte vor allem auf Gelegenheiten, es benutzen zu können.

Aber die Gefahren für kleine Schiffe mit zwei Besitzern sind leider zahlreich.

Mal baut der eine Mist. Mal der andere. Ich gehe zum

Beispiel davon aus, dass der Freund mir, wenn ich komme, das Boot mit gefülltem Tank überlässt; das ist so vereinbart. Leider kann man den Benzinstand nirgendwo ablesen, und wenn dann aber weit draußen auf offener See der Motor ausgeht, weil das Benzin alle ist, dann leidet die Freundschaft. Stundenlanges Warten im schaukelnden Meer, aufziehende Wolken, verzweifeltes Winken und schließlich peinliches Abgeschlepptwerden in den heimatlichen Hafen unter den hämischen Blicken feixender Fischer können zu Verstimmung führen.

Müssen aber nicht. Nachdem ich meinerseits aufgehört habe, das Boot mit gefülltem Tank zu hinterlassen, konnten wir uns darauf verständigen, uns prinzipiell nie aufeinander zu verlassen.

Das ist in der christlichen Seefahrt eine sehr gute Basis für lang anhaltende Freundschaft.

Wir sind uns allerdings auch oft einig. Zum Beispiel darin, dass man mit einem kleinen Boot Großes erleben kann. Ich spreche jetzt nicht von läppischen Badeausflügen, sondern von wirklichen Seereisen und nautischen Abenteuern, wie sie ja auf größeren Schiffen alltäglich sein sollen.

Von so etwas können die Eigner kleinerer Boote an sich nur träumen. Wenn sie aber eines Nachts, morgens um vier, bei sternklarem Himmel und phantastisch ruhiger See auf die Wahnsinnsidee kommen, mit der kleinen Llaut auszulaufen, um einmal im Leben zur sagenumwobenen Insel Menorca zu gelangen, dann steht so etwas Großes bevor.

Der Anfang ist einfach. Man weiß ungefähr, wo die Insel liegt, fährt so lange in die vermutete Richtung, wie man hinter sich noch das Leuchtfeuer des Starthafens Cala Ratjada sieht und wartet, bis man vor sich das Licht des Leuchtturmes von Ciudadella auf Menorca erkennt. Dann hat man ungefähr die Hälfte geschafft und kann den Leuchtturm im Rücken vergessen. Es ist dies ein außerordentlich glückhafter Moment und wenn nach sechsstündiger Seereise das rettende Ufer tatsächlich erreicht ist, kommt unbändiger Stolz auf.

Die Rückfahrt am Tage bei auffrischendem Wind, starkem Seegang, ohne die Hilfe der Gestirne und Leuchttürme ist dagegen ein fast orientierungsloser Höllenritt von circa zehn Stunden Dauer, bei dem Stolz und Glück komplett über Bord gehen. Damit uns nicht Gleiches passierte und wir von den Wellen weggespült würden, mussten wir uns festbinden, die Hände an der Ruderpinne wundscheuern und gegen Naturgewalten kämpfen, von denen die Müdigkeit die schlimmste war.

Aber ein kleines, starkes Boot kann den sträflichen Leichtsinn seiner törichten Eigner gelegentlich ausgleichen und wird auf diese Weise schließlich zum Traumschiff.

Unsere Llaut ähnelt übrigens den ägyptischen Fellucas auf dem Nil. Die Form ist phönizischen Ursprungs und gilt als unsinkbar. Leider stimmt das nicht.

Wir hatten unserem Boot, als wir es vor sehr vielen Jahren kauften, den Namen «Titanic» gegeben. Das war lange vor Leonardo di Caprio und geschah einerseits aus Verehrung für die damals neu entstandene satirische Zeitschrift gleichen Namens, andererseits aber auch als der Versuch, den Mythos von der Unsinkbarkeit neu zu beleben. Diesmal allerdings mit einem deutlich kleineren Fahrzeug.

In einem der schwersten Septemberstürme seit Menschengedenken geschah es dann aber. Die tosende See, haushohe Wellen und ein wütender Orkan konnten dem stolzen Schiff zwar nichts anhaben, denn es lag, wie sich das bei so einem Sauwetter gehört, gut festgezurrt im sicheren Hafen. Aber die Schlammlawine, die sich von Land her über den vorher so idyllischen kleinen Fischereihafen wälzte, pumpte die «Titanic» bis oben hin voll mit rotbraunem Schmadder, riss sie von der Kaimauer los und versenkte sie fünfzig Meter vom Ufer entfernt im Hafenbecken.

Größere Schiffe kamen nicht zu Schaden. Mehrtägigen Hebungsversuchen folgten mehrjährige Renovierungsarbeiten, und zum Schluss hatten wir unser Boot wieder. Fast wie neu und nochmal genauso teuer.

Ich bin sehr stolz auf mein halbes Traumschiff, das nun nicht mehr zu befürchten braucht, unter meinem Kommando die Weltmeere erobern zu müssen. Der Tank ist für küstennahe Ausflüge stets ordentlich gefüllt, und ich winke auch nicht mehr. Seit der Film «Titanic» in aller Welt gelaufen ist, winken die Besatzungen vorbeifahrender Traumschiffe nämlich zu mir und der kleinen Titanic herüber. Und das hat ja auch was.

Der Mandelkönig

Das Gespräch fand an einem Freitagabend im Oktober im Hinterzimmers der «Bar Telefono» in dem Örtchen Calonge statt. Diese seltsame Bar, die vor ihrem Umbau nichts weiter war, als eine der üblichen trostlosen Kneipen mit sechs Tischen, drei alten Männern, einem Fernseher ohne Ton und in der Stille summenden Fliegen, verwandelte sich an jedem Freitagabend in einen magischen Ort. Im Herbst und im Winter war sie dann regelmäßig das überfüllteste Lokal der gesamten Gegend. Aus Tälern und Bergen, aus Hütten und Palästen strömten die süchtigen Aussteiger-Individualisten hierher zum großen Eremitentreff zusammen. Aus einem einzigen Grund: Very good old Rockmusic! Life! Ausgerechnet in der «Bar Telefono» gönnte sich eine Gruppe reamateurisierter Rockmusiker, die es aus verschiedenen Ländern auf unterschiedlichen Wegen nach Mallorca verschlagen hatte, das Vergnügen, einmal in der Woche gemeinsam zu musizieren. Oder anders gesagt: tierisch den Punk abgehen zu lassen.

Es gelang ihnen Freitag für Freitag. Manchmal stiegen unbekannte Gastkönner ein, gelegentlich sorgten streunende Jazzer für intellektuelles Zusatzvergnügen und immer war die Bar überfüllt. Hundert drin, alle anderen auf der Straße.

Zur Band gehörte ein Mann, der in gar keiner Weise zu ihr passte. Er war weder Rockmusiker noch kannte er die Stücke, die er spielte. Vielmehr war er der einzige und noch dazu ein sehr alter Mallorquiner, der mit gleichbleibend ausdruckslosem Gesicht, ohne jede Körpersprache, aber rhythmusgenau ein Tamburin schlug. Das Schlagzeug knüppelte ihn nieder, die Bassgitarre dröhnte ihn ins akustische Nichts, aber er war immer dabei. Mehr als das: sein Tamburin machte den Sound, den kleinen, schließlich doch unüberhörbaren Unterschied, die Unverwechselbarkeit der Gruppe aus. English Rock mit dem Hauch des Südens. Er war der stille Star: The Tambourin Man.

Er lebt nun nicht mehr und das ist schade, denn er war der einzige Zeuge dieses Gespräches. Ja, mehr noch: er hat es zustande gebracht. Er kannte sich aus in der Welt des Verbrechens, erzählte oft und gern von Drogenhändlern und Schutzgelderpressern, raunte von Mafia-Methoden und mörderischem Geschehen. Als ich ihn damals – aus rein journalistischer Neugier – um nähere Informationen bat, da stellte er mir an einem dieser Freitagabende im Hinterzimmer der «Bar Telefono» Don Pedro vor. Einen Deutschen, den wir alle seit langem kannten und von dem wir doch so wenig wussten. Denn er und kein anderer, so hatte der Tamburin-Mann mir zugeflüstert, sei der berüchtigte «Rei d'almendros», der Mandelkönig. Und tatsächlich, er bestätigte es mir und beantwortete bereitwillig und ein wenig eitel alle meine Fragen. Hier also das Protokoll jenes Interviews, das ich mit ihm führen durfte.

FRAGE: Don Pedro, Sie leben schon lange auf Mallorca, gelten als «Der Mandelkönig» und als ausgewiesener Kenner des kriminellen Milieus der Insel.

DON PEDRO: Si, Señor.

FRAGE: Ende der neunziger Jahre wurde in der Nähe von Palma ein gewisser Meisel, der sogenannte Bierkönig ermordet, Hasso, der Autokönig wurde erpresst, in Manacor kam eine Drogendealerin im Verlaufe eines Banden-Shootouts zu Tode und die deutsche Öffentlichkeit fragt sich natürlich besorgt: Wie sicher ist ihre Lieblingsinsel noch?

DON PEDRO: Das sind Vorfälle, wie sie in jedem Land der Erde vorkommen. Für die deutsche Presse natürlich willkommene Sensationen. Aber der normale Tourist hat nichts zu befürchten. Das Verbrechen spielt im Grunde keine große Rolle hier.

FRAGE: Und Sie selbst?

DON PEDRO: Ich baue lediglich Mandeln an.

FRAGE: Das klingt eher harmlos.

DON PEDRO: Soll es auch. Der Trend geht eindeutig hin zu mehr Professionalität und krimineller Innovation.

Sehen Sie, es gibt hier einen hohen Verbrechensbedarf. Zumal in der Nachsaison. Mallorcas Bemühungen um den gehobenen Tourismus erfordern natürlich auch ein gehobenes Kriminalitätsniveau. Ich biete deshalb Mandeln an.

Frage: Ach was!

Don Pedro: Ja. Mandeln enthalten bekanntlich Blausäure ...

Frage: Gift?

Don Pedro: ... und bittere Mandeln enthalten sehr viel Blausäure. Schon der Verzehr einiger weniger dieser kleinen Früchte des Feldes kann zum sofortigen Ableben führen.

Frage: Aber wer soll die Dinger essen, Don Pedro?

Don Pedro: Nun passen Sie mal auf: Im sogenannten «Geldgürtel», der sich in sicherer Entfernung von den gewöhnlichen Touristenzentren und der ordinären Ballermann-Kriminalität rund um die Insel zieht, leben in luxuriösen Villen und prächtigen Fincas einige tausend alte Herrschaften aus ganz Europa.

Frage: Sie wollen doch nicht ...

Don Pedro: Nein. Nicht ich, sondern die Erben. Ich denke an die vielen äußerst frustrierten jungen Menschen, die ohnmächtig zusehen müssen, wie ihre krachgesunden Uralten das Familienvermögen in immer größeren Swimmingpools mit immer jüngeren Fitnesstrainerinnen immer schneller verjubeln.

Frage: Sie denken an Meuchelmord?

Don Pedro: Das haben Sie gesagt. Oder nehmen Sie die langzeitgeparkten Ehefrauen, die sich hier einen depressiven Winter lang an ihrer goldenen Kreditkarte festhalten müssen. Die wissen genau, was der Gatte meint, wenn er zu Hause «den Betrieb leiten» muss.

Frage: Und die sollen ...

Don Pedro: Die wollen! Da gibt es einen ganz intensiven Meuchelbedarf. Voll kapitalisiert, bei gleichzeitiger Abwesenheit von jeglichem kriminellen Know-how. Na, wenn das kein Markt ist.

Frage: Sie glauben also ...

Don Pedro: Kommen Sie mir nicht mit Religion. Das ist ja nun alles keine Glaubensfrage. Ich kann nur sagen: es gibt hier viele offene Rechnungen. Da ist viel Hass und Neid und Bosheit unterwegs. So manchem unschönen Konflikt wäre mit ein paar bitteren Mandeln im Rohkostsalat ein Ende bereitet. Geld ist ja da.

Frage: Wo zum Beispiel? Auf dem Hamburger Hügel?

Don Pedro: Überbewertet. Wirklich interessant sind Gegenden wie die Düsseldorfer Speckschlucht, der Zürcher Judengeldhang, die British Black Money Hills, das persische Schah-Valley, die Brüsseler Kommissions-Residenzen oder das Treuhand-Tal.

Frage: Sie wissen Bescheid, Don Pedro. Wie werden Sie vorgehen?

Don Pedro: Wieso ich? Das ist Sache des organisierten

Verbrechens, von dem ja nun in allen deutschen Zeitungen ausführlich berichtet worden ist.

Frage: Haben Sie schon Kontakte?

Don Pedro: Ich bin sicher, dass man auf mich zukommen wird. Die Mandeln habe ich jedenfalls heute Morgen geerntet.

Frage: Wie viele waren es denn?

Don Pedro: Drei Säckchen voll. Aber Gott sei Dank alle bitter.

Wenige Tage nach diesem Gespräch wurde die «Bar Telefono» von der Polizei geschlossen.

Angeblich wegen ruhestörenden Lärmes und einiger Dutzend unbezahlter Strafmandate.

Kenner der Szene wussten allerdings zu berichten, dass sehr viel schwerer wiegende Gründe dahintersteckten. Das organisierte Verbrechen, so hieß es, habe sich hier besonders an Freitagabenden ein Stelldichein gegeben.

Der Höllengraf

An langen Winterabenden erzählen sich die Mallorquiner die alten Märchen und Legenden ihrer Insel. So steht es jedenfalls in volkskundlich ambitionierten Reiseführern. Der Augenschein spricht dagegen, denn an langen Winterabenden sehen die Mallorquiner durchgehend fern. An kurzen Sommerabenden tun sie es übrigens auch. Man kann das besonders gut beobachten, weil sie dann in Schaukelstühlen auf dem Gehweg vor ihrem Haus sitzen und mit dem Rücken zur Straße in die Wohnung hineinschauen; dorthin, wo der Fernseher steht.

Aber es gibt Ausnahmen. Manche schaukeln zur Straße hin und natürlich werden gelegentlich auch mallorquinische Legenden erzählt. Allerdings habe ich das nur ein einziges Mal erlebt.

Es war an einem wirklich langen Winterabend. Wir saßen auf dem Mäuerchen vor der Kirche in Es Carritxo. Um uns herum brannten die mächtigen Feuer, die man hier an Sant Antoni, dem Fest des heiligen Antonius entzündet.

Die Millionen Touristen, welche in den vergangenen zwölf Monaten zu Besuch auf der Insel gewesen waren, hatten das Dörfchen schon im Sommer weitgehend gemieden und sich nun, Ende Februar offenbar komplett verzogen.

Bis auf die paar dorfbekannten ausländischen Residenten waren nur Einheimische auf den Beinen. Alle miteinander nicht mehr ganz sicher, denn es gab Freibier und reichlich Sangria. Die gewaltige Glut der vielen Feuerstellen erwärmte die kühle Nachtluft auf Temperaturen, die das zügige Wegtrinken kalter Getränke geradezu diktierten.

Lorenzo, der Schreiner tauchte zwischen den Rauchschwaden auf und setzte sich mit seiner Frau Antonia zu uns. Zwei Feuer weiter sei ihnen dieser Señor Hajo doch gewaltig auf den Geist gegangen, beklagten sie sich.

«Este Señor Ajo es una pena, savez!»

«Was macht er?»

«Er geht rum und fragt jede alte Frau und jeden alten Mann aus dem Dorf, ob sie ihm eine mallorquinische Legende erzählen können. Dabei versteht er noch nicht mal Mallorqui und ihn selber versteht man auch kaum. Dauernd will er irgendwas mit «Infierno! Infierno!»

Verstehen wir Lorenzo recht? Hajo will eine Legende hören? Dieser Hajo? Der seinen Beruf gerne als «Hotelier» angibt? Der seit fünf Jahren in der hüttengroßen Bauruine seines zukünftigen «Landgasthauses» lebt? Dessen letzte unternehmerische Idee ein Katzenverleih war, für den er bei ausländischen Finca-Besitzern auf Handzetteln mit dem Slogan warb «You got rats? Rent my cats!»? Dieser Hajo? Der in der vergangenen Urlaubssaison als Fesselballonseilefesthalter wegen viel zu späten Loslassens gescheitert war? Dieser Hajo sollte plötzlich zum Legendenforscher geworden sein?

«I don't believe it.»

Neben mir hatte stumm und deshalb bislang unerwähnt David the Gardener gesessen. Jetzt riss er seinen Blick aus der Glut, in die er während der letzten Stunde trotz regelmäßiger, halbautomatischer Alkoholzufuhr unverwandt gestarrt hatte.

«Infierno!», schrie er los, sprang auf und hüpfte wie ein Derwisch vor dem Feuer hin und her. *«Infierno! I am the Conde del infierno! The Count of hell! That's what I am!»*

Wahrscheinlich hatte er zu lange in die Glut geglotzt und seine Perspektiven im Jenseits überdacht. Wahrscheinlicher noch hatte er zu viel getrunken und ziemlich sicher war er an diesem Abend der zugekiffteste Bürger des Britischen Empire auf ganz Mallorca.

Auch an anderen Feuern wurde getanzt und gesungen. David the Gardener, Besitzer zweier grüner Daumen, geschätzter Hüter zahlreicher Gärten und Swimmingpools, freundlichster Naturfreak und albernster Altausländer der ganzen Gegend, ist bei den Leuten beliebt.

Der Schreiner Lorenzo lachte, seiner Frau Antonia liefen die Tränen herunter. Dann verließ sie uns und ihren Mann, weil es ihr zu rauchig war. Gerade noch rechtzeitig aber auch, um Señor Hajo zu entgehen.

«*Was war das? Infierno!? Ich habe da was von Conde del Infierno gehört!*»

Er wuselte heran, rotköpfig, eifrig, und aufgeregt. «*Tell me the schtory! Please I absolutely need sis schtory.*»

David the Gardener bestand noch eine Weile darauf, dass er selber der Conde del Infierno sei, aber Hajo wollte die Wahrheit. «*Se truth, you know. Se real schtory, se ledschend. El Conte del Infierno! Das ischt ja Wahnsinn! Ich zahle auch was ... also ... äh ... Naturalien.*»

Ich übersetzte aus dem Schweizerischen ins Englische, und David nahm augenblicklich Vernunft an. Als Erstes schickte er Señor Hajo Koteletts und Würstchen von einer der vielen Grillstellen in der Umgebung der großen Feuer holen. Danach erbat er sich weitere Getränkevorräte für Lorenzo, sich und mich. Sozusagen als Anzahlung auf eine «*original mallorquin legend. The most faszinating story you've ever heard.*»

Und während Hajo hurtig über den von flackerndem Feuerschein beleuchteten Kirchplatz hastete, wandte sich David the Gardener schließlich an mich.

«*Why don't you tell him his story! It's your fuck'n profession, isn't it? Come on!*»

Lorenzo sagte nur «*Moh bä!*», was so viel heißt, wie «*sehr gut*», dann war der Unhold mit der kompletten Bestellung schon wieder zurück. Wir aßen und tranken, während Señor Hajo in Körperhaltung und gesprochenen Worten nur eines ausdrückte: *«Ich warte!»*

Also gut. Ich beginne zu improvisieren:

«Lorenzos Großmutter hat mir mal eine Geschichte erzählt. Hier aus der Gegend ... stimmt doch, Lorenzo?» Der nickt. *«Auf einem der schwarzen Hügel da am Horizont Richtung Meer hat vor langer Zeit ein Mann gelebt, den die Bauern der Umgebung den ‹Conde del Infierno› nannten.»*

«Hier? Das ischt ja unglaublich!»

«O ja. Und es war ein geheimnisvoller Mann, der da in der Einsamkeit hauste. Man wusste nicht, wo er herkam und bekam ihn so gut wie nie zu Gesicht ...»

«He was from Palma.»

Kann dieser Engländer nicht den Mund halten? Wieso denn aus Palma?

«Ach ja richtig», machte ich aber weiter, *«er war der jüngste Spross einer angesehenen Adelsfamilie aus Palma, aber seine Familie hatte ihn verstoßen und aufs Land verbannt. Frag mich jetzt nicht, warum.»*

«Women.»

Natürlich! Wieso bin ich nicht selbst darauf gekommen! – *«Er hatte die Ehre seines vornehmen Geschlechtes besudelt, weil er sich mit jeder Dirne der Stadt herumtrieb, blutjunge Bürgertöchter schändete, unschuldigen Damen der adligen Gesellschaft die Unschuld raubte, und, und ...»*

«Money.»

Money, of course. «... *und weil er das Familienvermögen durchgebracht hatte. Deshalb haben sie ihn verstoßen.*»

Señor Hajo äußerte Verständnis für diese Maßnahme, bestand aber darauf, weitere Details zu erfahren. Mit vereinten Kräften fuhren wir also fort, ihm eine Geschichte zu erzählen. Der Conde war demnach ein gottesfürchtiger, geläuterter Einsiedler geworden, vor dem man allerdings die jungen Mädchen weiterhin warnen musste, weil der Grad seiner Läuterung zweifelhaft blieb. Manchmal sah man ihn monatelang nicht, dann wieder berichteten Schäfer von nächtlichen Orgien, wüsten Gesängen, Männern mit Fackeln und von einem Feuerschein wie aus einer Höhle, den sie gesehen haben wollten.

«*Das ischt ja Wahnsinn!*»

Die Begeisterung des schweizerischen Herrn Hajo war echt und wirkte ansteckend. Vor den inzwischen niedriger züngelnden Flammen über der Glut riesiger Stämme und Balken, zu Sant Antoni in Escarritxo nahm die Geschichte des Höllengrafen deshalb ihren Lauf.

Was das alles zu bedeuten habe, wollte Señor Hajo wissen? Kein Problem. Das Stichwort liefert Lorenzo.

«*Contrabandista!*»

Genau! Während seiner langen Abwesenheiten ist der Conde als Pirat im östlichen Mittelmeer unterwegs, gerät in sarazenische Gefangenschaft, wird von der ihm verfallenen Tochter des Sultans befreit, setzt seine Raubzüge fort, schart andere Freibeuter um sich, häuft Schätze an und kehrt zwischendurch immer wieder unbemerkt mit seinen Spießgesellen nach Mallorca zurück, um dort nächtliche Orgien zu feiern.

Und wie er das schafft, so unbemerkt?

«Tunnel!», rülpst David the Gardener. Auch er nun immer voller bei der Sache.

Durch einen unterirdischen Gang! Natürlich! Der Conde und seine Piraten haben einen Stollen von der Küste bis hinauf zu dem abgelegenen, verwilderten Grundstück angelegt. Als Fluchtweg und zum Abtransport der Beute. Das war in mallorquinischen Piratenkreisen die übliche Verfahrensweise.

Señor Hajo schnauft vor Begeisterung.

Den Schluss liefert Lorenzo.

Erst lange nach dem Tod des Conde del Infierno hat man den Eingang zum Stollen entdeckt: Ein Bauer hat dort oben auf dem verwilderten Grundstück Rast gemacht und seinen weißen Esel ein wenig weiden lassen. Als er sich nach ihm umschaute, war der Esel plötzlich wie vom Erdboden verschwunden. Alles Rufen und Suchen half nichts. Das Tier war weg.

Noch am gleichen Tag aber haben Fischer ebendiesen weißen Esel gesund und munter am Meer entlangspazieren gesehen.

Man dachte und suchte nach, und so wurde der Stollen gefunden. Leider ist er inzwischen verschüttet. Den Piratenschatz des Conde del Infierno hat man dagegen nie entdeckt.

Es war inzwischen stiller geworden auf dem Kirchplatz von Es Carritxo. Das Knistern, Krachen und Knacken aus der Glut war einem leisen Zischeln gewichen. Die meisten Bewohner hatten sich zurückgezogen und in der Ferne wurden bereits die Konturen der Berge deutlich.

Zeit auch für uns, das Fest zu verlassen. Aber eines wollten wir noch wissen von Señor Hajo: Warum hatte er so sehr auf einer Legende bestanden, in welcher der Begriff «Infierno» vorkam?

Ach, hätten wir ihn doch nicht gefragt!

«Weil das Grundstück, oder die Gemarkung, auf der das Grundstück mit meinem Hotel liegt, genauso heißt: Infierno. Das habe ich letschte Woche zufällig auf dem Katasteramt in Santany erfahren. Und seither denke ich, dass es doch absolut geil wäre – also pee-err-mäßig und vo de Werbig her – wenn es dazu eine passende Legende gäbe. Und ich habe mich nicht getäuscht! Danke! Und gute Nacht, hä?!»

Am übernächsten Morgen fuhr Señor Hajo mit seiner stark überalterten Citroën Furgonetta auf meinem Acker vor und lud drei Sack Zement ab.

«Drei Sack! So viel habe ich auch den anderen versprochen. Du kannst sie ja aufteilen. Absolute Spitzenstory, die ihr da aufgetrieben habt!»

Er hatte seine mallorquinische Legende bereits getippt und wird sie dereinst, bei der Eröffnung seines Landhotels, in Safranleder gebunden jedem Gast auf den Nachttisch legen.

Seine Version unterscheidet sich nur in wenigen Punkten von der unseren. Bei ihm wird der Conde in der Gefangenschaft bei den Sarazenen nicht nur von der wunderschönen Tochter des Sultans geliebt und befreit. Nein, bei Señor Hajo ist das glutvolle Weib so scharf auf den Helden, dass sie ihm einen bläst, bevor sie ihn vom Marterpfahl losbindet. Außerdem stellt er gleich zu Anfang fest, dass es sich bei dem geheimnisvollen Conde del Infierno um niemand anderen handelte als den unehelichen Sohn von George Sand und Joan March, dem größten Gauner und Begründer der gleichnamigen Bank auf der Insel. Auf meine Vorhaltungen, dass man so mit altem Sagen- und Märchengut nicht umgehen könne, erwidert er kühl: *«Ein bisschen namedropping kann ja nicht schaden, oder?»*

Dann fährt er los, um sich an die Arbeit zu machen.

Als Erstes will er jetzt zügig ein großes Erdloch ausheben, das die Hauptattraktion seines Anwesens werden soll.

«Der Eingang zu dem alten Tunnel! Du verschtehscht?»

Natürlich verstehe ich. Deswegen braucht er den Zement ja nicht.

Für die Katz

Uns war eine kleine, wilde, ausgehungerte, äußerst scheue Katze zugelaufen.

Weil sie nicht einmal richtig miauen konnte, nannten wir sie Kaspar Hauser. Sie blieb und blieb scheu, wurde allerdings kräftiger und gewöhnte sich langsam an uns und unser Katzenfutter. Ich aber schrieb in vorauseilender Sorge die folgenden Zeilen, denn mich beschäftigte, was wohl sein würde ...

Nach unserer Abreise

>   Die Katze hat sich aufgehängt.
>   Wir haben sie zu sehr gedrängt,
>   ein wildes Tier zu sein.

Wir hatten sie gesund gepflegt
und ihr vom Feinsten hingelegt.
Doch dann blieb sie allein.

Sie war ein scheues, schwarzes Tier
und lebte wild hier im Revier.
So sollt' es wieder sein.

Wir hatten sie zu sehr gezähmt.
Beim Abschied saß sie wie gelähmt
und sah es gar nicht ein.

Wir wissen nicht, was ihr geschah.
Wir waren ihr so lange nah
und dann doch so gemein.

Ihr Blick war so zutiefst gekränkt.
Die Katze hat sich aufgehängt.
Es kann nicht anders sein.

«No te preocupes!» Sorge dich nicht; jedenfalls nicht zu früh – ist zweifellos einer der lebensklügsten Umgangssprüche im spanischen Alltag. Denn es sollte natürlich anders kommen. Nachdem wir die Ernährung der Katze auf das im Supermarkt angebotene Sonderangebot «Premiumlat Mix – menue completo» umgestellt hatten, floh Kaspar Hauser unser gastliches Haus und wurde nicht mehr gesehen. Deshalb musste das Reimwerk für Werbezwecke mit einem andern Schluss versehen werden:

> Wir singen Dank- und Lobeslieder!
> Die Katze lebt in Freiheit wieder.
>
> Für einer Katze wildes Leben
> Musst Du ihr «Premiumlat Mix» geben!
>
> «Menue Completo» soll es sein.
> Dann lässt sie Dich sofort allein!

Der Mann am Strand

Die Sonne ging auf. Etwas zu schnell und mit einem angeberischen Gleißen, das ihn zum Aufwachen zwang.

«Hau ab!», murmelte Fabian Osterloh ärgerlich, was die erstaunliche Folge hatte, dass sich in diesem Moment eine große, mausgraue Wolke vor die Sonne schob und er einen schönen Moment lang glaubte, Befehlsgewalt über die Himmelsvorgänge zu haben. Seine Augen gewöhnten sich langsam an das nun mildere Morgenlicht. Er erhob sich. Den dröhnenden Kopf vorsichtig auf den Schultern balancierend schritt er aufs Meer zu und stellte seine milchflaschenweißen Beine ins Wasser. Er war allein am Strand. Er schwamm hinaus in die Bucht, hielt dabei den Kopf unter Wasser und fühlte sich besser. Was war geschehen? Noch hatte er Schwierigkeiten, sich an die Einzelheiten zu erinnern. Aber so viel war klar: Gestern Vormittag erst war er, der Modefotograf Fabian Osterloh, auf Mallorca angekommen. Und seither, so schien es nun, war er verfolgt, bedroht und schließlich an diesem Strand mit einer Unmenge Cuba

Libre und Brandy gnadenlos abgefüllt und dann seinem Schicksal überlassen worden. Warum? Er kannte diese Leute nicht. Das ältere Ehepaar, die junge Frau und – o Gott, ja! – den Kellner.

Er stieg aus dem Wasser, überprüfte seine zerknitterte Kleidung, auf der er offensichtlich geschlafen hatte. Geld, Papiere, Fotoapparat, Handy – alles war noch da. Er schaute über die große Bucht hinüber nach Porto Colom. Unbewegt, spiegelglatt lag das Meer. Die weißen Häuser erstrahlten im ersten Licht.

Er kniff die Augen ein wenig zu und gab sich der erfrischenden Vorstellung hin, eine riesige, kristallklare Eisfläche vor sich zu haben. Mit festgefrorenen Segelbooten darin.

Eigentlich war er hier hergekommen, um zu arbeiten. Ein Drei-Tage-Job wie jeder andere. Sommermode für das kommende Jahr sollte fotografiert werden. Ihn hatte man vorgeschickt. Geeignete Hintergründe mussten gefunden werden; schöne Umgebungen, in denen die Sonne des Südens Mode, Mädels und Marke in das allerbeste Licht stellen konnte.

Als das Urlauber-Flugzeug auf der Landebahn von Palma de Mallorca aufsetzte, hatten die Leute in die Hände geklatscht. Er sah keinen Grund, sich zu beteiligen. Wer applaudiert schon seinem eigenen Arbeitsbeginn!

Vor dem Flughafengebäude hatte sich das Wetter mit feuchtheißen Handtüchern über ihn geworfen. Bis er in das vorbestellte Mietauto steigen konnte, hatte es ewig gedauert. Reisebusse und Leih-Jeep-Kolonnen auf pauschalem Abenteuer-Tagesausflug verstopften die Straßen. In Porto Colom war sein Zeitplan bereits überschritten.

Der kleine Fischerhafen im Südosten galt zur Zeit als der meistveröffentlichte Geheimtipp der Insel. Mediterrane Authentizität in der Altstadt, einwandfrei pittoreske Hintergrundsituation mit großer Bucht, Segelbooten und Yachten, außerdem dekorative Villengärten auf der gegenüberliegenden Landzunge und ein paar unverschandelte Fincas im Hinterland. Ideale Arbeitsbedingungen eigentlich.

Fabian Osterloh hatte eine schlichte Hotel-Pension direkt am Hafen bezogen, geduscht und sich dann, mit Strohhut und Sonnenbrille gegen die stechende Sonne geschützt, an die Arbeit gemacht. Die Locations mussten gefunden, mit der einfachen Digital-Kamera festgehalten und organisatorisch vorbereitet werden. Die Altstadt war kein Problem. Nur die Hitze.

Mit dem Wagen war er um die Bucht herum Richtung Leuchtturm gefahren, hatte in der Nähe des Badestrandes geparkt und war hinübergeschlendert in die pinienbestandenen Bezirke der großzügig bemessenen Villengrundstücke. In schwerer Nachmittagshitze flirrend, lagen Wege und Gärten vollkommen still und menschenleer. Durch die Gitter von Portalen und über Mauern hinweg machte er da und dort ein paar Aufnahmen und notierte den einen oder anderen Namen von Klingelschildern, meist waren es deutsche. Später wollte er im Telefonbuch nachschauen, ob die Besitzer telefonisch erreichbar und in einem Gespräch zu überzeugen wären, seiner Agentur ihren prächtigen Garten und Pool für ein paar Sternstunden der Modefotografie zu überlassen. Eine schönere Umgebung dafür sei ja kaum vorstellbar.

An den meisten Häusern gab es allerdings weder Namensschilder noch Klingeln.

Dann war plötzlich ein Wagen sehr langsam an ihm vorbeigefahren. So ein PT Cruiser mit dem unverwechselbaren Styling einer Musikbox auf Rädern. Die beiden Insassen hatten ihn misstrauisch – im Nachhinein würde er sagen hasserfüllt – angestarrt. Das ältere Paar, er jedenfalls schon grauhaarig, bemerkte vor lauter Starren allerdings nicht, dass ihm auf der schmalen Straße ein anderes Fahrzeug entgegenkam. Ein Fahrschulauto. Die junge Frau am Steuer trat so heftig auf die Bremse, dass der Fahrlehrer sich angstvoll mit den Händen gegen die Amaturenkonsole stemmte, sie den Motor abwürgte, das Auto abrupt stehenblieb und der Chryslerfahrer es mit einem verzweifelten Herumreißen des Lenkrades gerade noch schaffte, daran vorbeizukommen. Dann gab er Gas und fuhr davon. Aus dem Seitenfenster heraus fluchte der Fahrlehrer gestenreich hinter ihm her.

Fabian war weitergegangen, hatte noch gedacht, dass dies eine auffallend gutaussehende Fahrschülerin gewesen sei, irgendwie asiatisch auf den ersten Blick, und sehr schmal. Zehn Minuten später tauchte das gleiche Fahrschulauto an anderer Stelle wieder auf. Da stand Fabian am leicht geöffneten Tor der Auffahrt zu einer besonders schmucken Villa und musste lachen, als die Asiatin bei seinem Anblick ein weiteres Mal viel zu fest in die Bremsen trat, den Motor abwürgte und den Wagen zum Stillstand brachte. In theatralischer Verzweiflung über seine unbegabte Schülerin breitete der Fahrlehrer resigniert, aber schwungvoll die Arme aus und schlug ihr dabei mit dem Handrücken aus Versehen leicht auf die Wange. Sie sprang aus dem Auto. Seine verzweifelten Entschuldigungsrufe «perdon! perdon!» konnten sie nicht aufhalten. Sie rannte auf Fabian zu, fauchte ihm ein wütendes «Verschwinden Sie!» entgegen und verschwand ihrerseits in der Einfahrt. Es würde schwer werden, hier eine Erlaubnis für das Foto-Shooting zu bekommen. Offenbar mochte man ihn in diesem Hause nicht.

Er war zurück in den Ort gefahren und hatte am frühen Abend in einem Lokal am Corso bei einer sehr hübschen, dunkeläugigen Kellnerin etwas zu essen bestellt. Er plauderte ein wenig mit ihr, bis er draußen den Chrysler langsam, wie suchend, vorbeifahren sah. Kurz darauf hatte das ältere Paar den Raum betreten und sich an den Nebentisch gesetzt. Dann hatte Fabians Handy geklingelt. Es war die Agentur. Er sagte «Ja, mindestens drei habe ich gefunden. Die kommen auf jeden Fall in Frage.» Der Grauhaarige und seine Begleiterin hatten mitgehört und schauten sich bedeutungsvoll an. Wenig später war es passiert: Von hinten griff plötzlich ein Arm über ihn hinweg nach der halbleeren Rotweinflasche auf dem Tisch vor ihm, und bevor er sich umdrehen konnte, fasste ihn jemand sehr fest in die Haare und riss seinen Kopf heftig zurück. Die Frau am Nebentisch schrie auf. Der Griff lockerte sich etwas, so dass er sich vorsichtig umdrehen konnte. Hinter ihm stand kreidebleich und mit wutverzerrtem Gesicht ein Kellner. Die Flasche hielt er drohend erhoben – ohne Zweifel, um sie jeden Moment auf Fabians Kopf herabsausen zu lassen. Dann brüllte der Wirt hinter dem Tresen den Kellner mit ungeheurer Lautstärke an, die Kellnerin stieß ihren Kollegen zur Seite, und in dem nun entstehenden Tumult war der Angreifer plötzlich aus dem Lokal gerannt und nicht mehr zurückgekommen. Fabian Osterloh saß wie gelähmt da. Er kannte den Mann nicht. War ihm noch nie begegnet. Der hatte ja nicht mal an seinem Tisch bedient. Eine Verwechslung? Er war doch zum ersten Mal hier. Alle Anwesenden hatten sich dann sehr teilnahmsvoll um ihn bemüht. Er brauchte seine Rechnung nicht zu bezahlen, man schenkte ihm wieder und wieder Brandy nach, aber das Geschehene blieb rätselhaft. Das Ehepaar mit dem Musikbox-Auto war verschwunden. Doch dann tauchte plötzlich die Asiatin auf. Die aus dem Fahrschulauto. Offenbar wusste sie, was vorgefallen war. Sie war eine unglaublich attraktive Erscheinung, hieß Lynn und sprach mit Hamburger Akzent.

Von da ab verschwammen seine Erinnerungen. Sie waren in der Nacht noch zusammen an den Strand gefahren. Dort hatte eine ganze Clique von jungen Leuten eine Party gefeiert und ihn höchst erfolgreich zum Mittrinken animiert.

Jetzt hatte er einen schalen Geschmack im Mund, fürchterlichen Durst, einen vagen Verdacht und ein klares Ziel. Also raffte er seine Sachen zusammen und marschierte los.

Still lag die Villa, farbige Schatten fielen aus dem dunklen Grün der wilden Olive auf die hellen Sandsteinplatten der Terrasse. Tiefrot standen die Blüten der Bougainvillea gegen den sattblauen Himmel. In der Ferne funkelte das Meer. Der Frühstückstisch am Pool war für zwei Personen gedeckt.

«Ich habe dich früher erwartet», sagte Lynn. Er nahm den Krug Orangensaft vom Tisch, trank ihn in einem Zug aus, setzte sich und wartete auf eine Erklärung.

«Wenn ein Mann, mit Sonnenbrille und Schlapphut getarnt, sich in diesem Viertel die Namen der Hausbesitzer notiert, dann weiß doch jeder, dass das ein Steuerfahnder aus Deutschland ist. Es wäre ja nicht der erste. Natürlich haben sie hier was zu verbergen. Manchmal ganze Villen.»

Lynn war als Hausdame bei dem älteren Ehepaar angestellt. Sie hatten ihr von dem Telefongespräch des verdächtigen Fremden im Lokal berichtet und waren noch in der Nacht in ihrer rollenden Musikbox abgereist.

«Haben die den Kellner dafür bezahlt, dass er mich außer Gefecht setzt?»

«Nein», sagte Lynn, «das habe ich dir doch schon heute Nacht erklärt. Er war der andalusische Ehemann der Kellnerin, mit der du geflirtet hast. Krankhafte Eifersucht, nichts weiter. Dem war es egal, ob du Fotograf oder Steuerfahnder bist. Er hätte ja auch den Richtigen erwischt. Du flirtest doch mit jeder.»

Fabian Osterloh widersprach nicht, nahm sich aber vor, ihr das Gegenteil zu beweisen. Bei den Foto-Arbeiten in diesem wunderschönen Anwesen, in dem Fräulein Lynn ja nun zunächst mal alleine residierte, würde sich reichlich Gelegenheit bieten.

Ein Winter auf Mallorca

Ein Kneipenbesuch

Mitte Dezember. Abends. Mieses Wetter. Anstrengender Tag. Ich gehe ins «Padri» was trinken.

Das Lokal ist fast leer. An verschiedenen Tischen sitzen: ein älteres deutsches Ehepaar, ein deutscher Pensionär und ich. Alle schauen ins Fernsehen, das sowieso ständig ohne Ton läuft.

Auf dem Bildschirm ist ein Basketball-Spiel zu sehen. Die Frau sagt laut: «Ach, das ist das Fußballspiel Spanien gegen Polen.» Ihr Mann nickt ihr freundlich zu.

Woher nimmt sie diese exakten Angaben?, denke ich. Ist sie wahnsinnig? Oder muss sie einfach nur zu allem, was um sie herum geschieht, irgendwas sagen? Sieht sie auf dem Bildschirm sich schnell mit einem Ball bewegende Männer, sagt sie «Fußball». Aber wie kommt sie auf Spanien gegen Polen? Wie kommt die bescheuerte Person auf die Wahnsinnsidee, lauthals im Lokal zu verkünden, es handle sich bei dem Basketballspiel dort – in einer schlecht besuchten Halle ist das mittelmäßige Spiel zweier spanischer Mannschaften zu sehen – um das Fußballspiel Spanien gegen Polen? Soll ich aufstehen und sie fragen? Soll ich die bleierne Dumpfheit, die über dem Lokal lastet, zerfetzen? Würden alle anwesenden Personen zusammenzucken, wenn ich mich plötzlich erhebe, mich von meinem Tisch weg bewege, mich ungefragt zu den beiden Alten setze und freundlich, eindringlich frage «Wer spielt da?».

Würde sie darauf beharren, dass dieses Scheiß-Basketballspiel dort die Begegnung der Fußballnationalmannschaften Spaniens und Polens ist? Und ihr Mann? Für wen würde er Partei ergreifen? Sagt er «Die versteht nix von Sport», kann ich einpacken. Verteidigt er sie aber und bestätigt ihre aberwitzige Behauptung, dann wird es spannend. «Ja, ja. Spanien und Polen, die spielen da Fußball gegeneinander. Wie meine Frau schon gesagt hat.»

Würde ich schreien?

Zu spät. Die Bilder wechseln. Im Fernsehen ist jetzt Schnee zu sehen. Skiläufer. Die Frau sagt: «Wir kommen aus Oberbayern. Dort gibt es auch Schnee.»

Nach einer kleinen Pause sagt der Rentner, drei Tische weiter: «Ach, was.»

Ich zahle am Tresen. Beim Hinausgehen sehe ich, dass im Fernsehen jetzt Boxen läuft. Was sie wohl dazu gesagt hat? «Ich schlage meinen Mann auch manchmal»? Oder

«Unser Hund hieß Bobby. Das war auch ein Boxer»? Nie werde ich es erfahren.

Ein Gespräch

Sie: Hinter der Zisterne hätte man den weißen Wedel wirklich nicht sehen können.
Er: Nein, da wäre er verschenkt gewesen.
Sie: Gut, dass wir ihn weiter weg gepflanzt haben. Jetzt kann man ihn von überall sehen.
Er: Ja, das ist sehr gut.
Sie: Findest du wirklich? Ich meine, vielleicht wäre er auch hinter der Zisterne hübsch gewesen. So als Überraschung. Wenn man an der Zisterne vorbeikommt, denkt sich nichts weiter – hoppla, steht da ein weißer Wedel!
Er: Ja. Sehr überraschend. Doch.
Sie: Warum hast du das nicht gleich gesagt?
Er: Was?
Sie: Dass du ihn lieber hinter der Zisterne hättest.
Er: Ich hätte ihn gar nicht lieber hinter der Zisterne.
Sie: Aber du hast doch gesagt, dass wir ihn dorthin pflanzen sollen.
Er: Zuerst. Ja. Aber dann hattest du die Idee, ihn weiter weg zu pflanzen.

Sie: Das ist besser, nicht wahr?

Er: Ja.

Sie: Weil man den weißen Wedel jetzt wirklich von überall sehen kann. Das musst du doch zugeben.

Er: Nein.

Sie: Wie, nein? Was heißt da nein?

Er: Man kann ihn nicht von überall sehen. Wenn du dich im Kaminzimmer ganz rechts gegen den Fensterrahmen lehnst und durch das Fenster auf den weißen Wedel schaust, kannst Du ihn nicht sehen. Da ist genau die mittlere Säule der Pergola dazwischen.

Sie: Du bist doof.

Eine Lektüre

Von den zahlreichen ausländischen Wintergästen auf Mallorca haben wahrscheinlich nicht wenige recht unerfreuliche, womöglich deprimierende Tage auf der Insel verbracht. Bei widrigen Witterungsbedingungen, Nässe und Kälte in schlecht oder gar nicht beheizten Räumen, bei öden oder stumpfsinnigen Gesprächen mit ebensolchen Zwangsbekanntschaften unter zufällig ebenfalls anwesenden Landsleuten oder bei nicht gerade von Gastlichkeit oder gar Freundschaft geprägten Begegnungen mit der einheimischen Bevölkerung rutscht die Stimmung schon mal in den Keller. Auf nachdrückliche Weise hat dieser Stimmung eine französische Schriftstellerin Ausdruck verliehen, die bereits vor 170 Jahren, zusammen mit ihren beiden Kindern und dem Komponisten Frederic Chopin jenen trostlosen «Winter auf Mallorca» verbrachte, den sie in ihrem berühmten Buch mit eben diesem Titel beschrieb. Dieses Werk wird heute, besonders in Valldemossa, ihrem damaligen und durch sie und den eigentlich unendlich verdienstvolleren Chopin nun längst zur Touristenattraktion gewordenen Hauptaufenthaltsort, stapelweise in verschiedenen Sprachen unter die Leute gebracht. Es ist ein interessantes Werk. Ich empfehle, es eventuell an langweiligen Wintertagen auf Mallorca zu lesen. Besonders wegen der gepfefferten Beleidigungen, mit denen sie die Mallorquiner eindeckt. Aber vielleicht genügt es ja auch, ein paar von diesen hier im Folgenden einfach nachzulesen. Ich zitiere sie gerne:

«Wir hatten Mallorca den Beinamen Affeninsel gegeben, denn indem wir uns von diesen räudigen, springenden und doch unschuldigen Tieren umgeben sahen, gewöhnten wir uns daran, uns ihnen gegenüber ohne mehr Hass oder Verachtung zu verteidigen, als den Hindus die Orang-Utan-Affen (...) erregen.»

«Der mallorquinische Landwirt (...) liebt das Böse nicht, aber er kennt das Gute nicht. Er beichtet, betet und träumt unaufhörlich, auf das Paradies hoffend, aber er kennt die wahren Pflichten der Menschheit nicht. Er ist fauler als ein Ochse oder ein Hammel, aber auch kaum mehr als die Wesen, die in der Dummheit vor sich hin dösen. Er sagt Gebete auf, ist abergläubisch wie ein Wilder, aber er würde seine Mitmenschen ohne allzu viel Reue aufessen, wenn dieses Brauch seines Landes wäre und nicht so viel Schweinefleisch vorhanden wäre. Er betrügt, raubt, lügt, beschimpft und plündert, ohne damit irgendwie sein Gewissen zu belasten. Ein Fremder ist für ihn kein Mensch.»

«Wir waren allein auf Mallorca, wie in einer Wüste, und wenn wir im Krieg mit den *Affen* den täglichen Lebensbedarf gedeckt hatten, versammelten wir uns en famille um den Ofen und machten uns über sie lustig. Aber je weiter der Winter voranschritt, um so mehr lähmte die Traurigkeit in meinem Inneren die Lust auf Freude und Heiterkeit.»

Es lässt sich denken, dass Madame Sand im Ranking der beliebtesten Inselgäste nicht allzu weit vorne steht. Denn selbstverständlich sind diese Zitate – zumal den gebildeteren Mallorquinern – nicht unbekannt. Ganz unbekannt, so behaupte ich mal, sind dagegen die folgenden Zitate aus den Tagebüchern der Brüder Goncourt aus dem 19. Jahrhundert (ja, jene, nach denen der berühmte französische Literaturpreis benannt ist), die sich nun ihrerseits auf äußerst boshafte Weise mit jener George Sand befassen, die seinerzeit im Alter von fünfunddreißig Jahren auf Mallorca weilte und nun, über sechzig, längst wieder in der Pariser Literatenszene zu Hause ist:

2. März 1864. Im Übrigen ist das Geschwafel der Madame Sand die schiere Nichtigkeit, selbst die Komplimente, mit denen sie einen bedenkt, sind plump und geistlos.

21. Mai 1866. Im Magny. Auftritt Madame Sand im pfirsichblütenfarbenen Kleid, ein Liebesputz, der vermutlich dazu dienen soll, Flaubert zu vergewaltigen.

25. Mai 1868. Madame Sand, eine wiederkäuende Sphinx, eine Apis-Kuh.

25. Aug. 1884. Auf dem Rückweg aus Saint-Germain nach Paris in der Bahn hat mir Dumas letzten Freitag viel von Madame Sand erzählt, die er als ein Ungeheuer schilderte, verhurt, egoistisch und von naiver Rohheit, ohne sich dessen je bewusst zu werden (...) Als sie nach Paris kam, begann die alte Frau, das Leben einer Studentin im vierzigsten Studienjahr zu führen. Sie ging spachteln, Champagner trinken und knutschen. Durch diese Lebensweise wurde sie krank und musste schließlich den Dr. Favre rufen. Der Arzt sagte ihr auf den Kopf zu, dass es sich um eine Greisenanämie handele, und nachdem er verkündet hatte, dass sie krepieren würde, falls sie noch ein paar Wochen so weitermache, verschrieb er ihr das Familienleben mit diesem Satz, der von einer sublimen Skepsis gegenüber dem Herzen der Schriftstellerin zeugt: «Sehen Sie, und nun müssen Sie sich einreden, dass Sie Ihre Enkelkinder lieben.»

Diese, meine Lesefrüchte aus einem anderen Winter auf Mallorca habe ich hier niedergeschrieben, allen noch heute beleidigten Malloquinern zum Trost und allen unbeteiligten Freunden der gepflegten Beleidigung zum Vergnügen. Nichts zu danken!

San Salvador

Vom Berge San Salvador lässt es sich prächtig in die Ferne schauen.

«Dort drüben sehen Sie die Insel Menorca», sagt die Reiseleiterin zu ihrer kleinen Gruppe deutscher Ausflügler. Dabei deutet sie, an der alten römischen Festung Santueri rechts vorbei weisend, hinaus aufs Meer, wo in klaren Umrissen die Insel Cabrera zu erkennen ist. Kein Zweifel: Die Frau spricht nicht die Wahrheit. Und sie hat Glück. Statt Widerspruch erntet sie dankbares Nicken für ihre sicher vorgetragene Falsch-Information.

Ich habe auf dem Heidelberger Schloss mal einen Fremdenführer erlebt, der einer Gruppe amerikanischer Touristen erzählte, vom dortigen Turm habe Rapunzel die Haare herabgelassen, an denen dann der Student-Prince hinaufgeklettert sei, während unten im Tal die römischen Legionäre unter der Führung Napoleons von einem Mann namens Rübezahl vernichtend geschlagen worden seien. *«The german Asterix, you now.»*

Seither habe ich einen gewissen Respekt vor lügenden Fremdenführern. Auch den weniger einfallsreichen ist – außer dem Mangel an Phantasie – kein Vorwurf zu machen. Sie sind nicht auf die Wahrheit vereidigt und können nicht alles wissen. Kein Grund also, sich besserwisserisch einzumischen. Ich stehe nur zufällig neben der Reisegruppe. Wem würde eine Richtigstellung schon nützen?

Ich warte auf meine Freunde. Sie sind mit Rennrädern unterwegs und sollten zum Abschluss ihrer Königsetappe demnächst hier oben auf dem Gipfel des San Salvador eintreffen.

Es ist Anfang April, eine Zeit, in der die Radfahrer schwärmen. Die Insel duftet. Gelbe Margeriten und roter Mohn säumen die schmalen Wege. Gelegentlich regnet es noch, doch die Sonne vermag die dampfenden Straßen schon sehr schnell wieder zu trocknen. Mit ersten Hitzeschüben kündigt der Sommer das nahende Ende der sattgrünen Wochen und exzessiven Blütenträume an. Jetzt radeln sie am liebsten. In langgezogenen, ostereierfarbenen Pelotons kullern sie über die Straßen der Insel. Profisportler der großen Radrennnationen und berühmten Rennställe bringen sich hier schon seit Januar in Form für die ganz großen Rennen der Saison. Andere Radler haben zu spät damit begonnen, huldigen dafür aber tapfer dem Amateurgedanken.

Zu ihnen muss ich die Freunde zählen, die heute den San Salvador bezwingen wollen. Er ist kein hoher Berg. Gerade mal 507 Meter. Es gibt viel höhere auf Mallorca. Aber er ist ein besonderer Berg – in Radfahrerkreisen. Geübte und Gedopte, die ihn problemlos bewältigen, wollen ihn ebenso wie die, denen er Schwierigkeiten bereitet, wenigstens einmal hinaufgefahren sein.

In den langen Wintermonaten, in denen zu Hause witterungsbedingt viele tausend Kilometer Fahrradwege still und unbenutzt herumliegen – hochklappen kann man sie ja nicht –, ist auch die Lust meiner Freunde auf Mallorca zu radeln, wiedererwacht. Im vergangenen Jahr stand der San Salvador noch nicht auf ihrem Programm. Lange, flache Strecken durch blühendes Land hatten sie anfangs begeistert und am Ende doch den einen mit Lungenentzündung aufs Lager geworfen, den anderen vor Erschöpfung weinen lassen und den dritten mit dem Wolf nicht zu tanzen, ja kaum sitzen erlaubt. Sie sind trotzdem wiedergekommen.

Und diesmal wollen sie ihn packen. Es ist nicht einfach, den San Salvador mit dem Fahrrad zu erklimmen. Ich weiß es, denn ich bin eben mit dem Moped heraufgefahren und hätte auf dem letzten Stück beinahe selber noch in die Pedale treten müssen. Es blieb mir erspart. Aber verdammt knapp, meine Freunde!

«Man hat von hier einen phantastischen Ausblick», sagte die Reiseleiterin vorhin. Da hielt ich sie noch für eine ehrliche Haut. Denn vom San Salvador aus, dort wo ich unter der riesigen Jesusstatue auf der zum Meer gewandten Balustrade sitze, kann man an einem klaren, sonnigen Tag wie

heute tatsächlich die ganze, so besehen doch recht kleine Insel Mallorca überblicken.

Deutlich wie selten die hohen, schwarzgrünen Berge im Norden, fast glaubt man die Schiffe im Hafen von Alcudia erkennen zu können, aber das glaubt man auch nur, und die Hügel um Arta sind ein gutes Stück näher gerückt.

Die Insel Menorca sieht man allerdings nicht. Dafür ist es doch schon zu heiß. Dort wo sie liegt, eine dreiviertel Linksdrehung des Kopfes von Cabrera entfernt, weit draußen über dem Meer, ist nur das schlierige Flimmern der aufgeheizten Luft am Horizont zu erkennen.

Ja, es ist ein sehr warmer Apriltag. Ich schlendere hinüber zum alten Kloster. Vielleicht sollte ich in der Kapelle eine Kerze anzünden für meine Freunde. Es sind tapfere, mutige Männer, die sich nicht scheuen, einmal im Jahr die Grenzen ihrer körperlichen Leistungsfähigkeit auszutesten. Als ich sie vorhin auf halber Strecke mit meinem Versorgungsfahrzeug überholte, standen sie alle drei in den Pedalen und waren durchaus noch in der Lage, mich zu beschimpfen. Ein gutes Zeichen.

Zwar ist es unklug, ausgerechnet den einzigen Helfer, der in dieser Acht-Kilometer-Serpentinen-Hölle Wasser und gute Worte bereithält, einen *«faulen Sack»*, einen *«unsportlichen Versager»* und zu allem Überfluss auch noch einen *«Umweltgangster»* zu nennen, aber der wahre Samariter zeichnet sich durch Gelassenheit aus.

Auf der steilen, vielbefahrenen Bergstraße, die jeder

Besucher des Südostens der Insel mit seinem Mietwagen in einem Viertelstündchen, der schönen Aussicht wegen, mal eben hinauffährt, wo Touristenbusse, Autokonvois mit Hochzeitsgesellschaften und motorradreisende Ballermänner den tüchtigen Radlern nur höhnisches Hupen entbieten, ist Nachsicht erste Freundespflicht.

Damals, als König Pedro der Vierte von Aragon im Pest-Jahr 1348 dem Einsiedler Romeo Burguera die Erlaubnis zur Errichtung des Sanctuariums von San Salvador gab, war es noch fromme Demut, die zum Gipfel führte.

Später wurde mit den Spenden der Bürger von Felanitx hoch oben auf ihrem Hausberg eine Wallfahrtskirche errichtet. Hinzu kam der Anbau mit den kargen, aber kostenlosen Besucherzellen für ermattete Pilger, die sich den steilen Kreuzweg hinaufgebetet hatten.

Noch heute kann man dort oben übernachten. Dennoch kommen die meisten Fahrzeuge, die meine radelnden Freunde überholt haben, ihnen auch wieder entgegen.

Für Radsportler gibt es wahrlich angenehmere Strecken. Und trotzdem ist diese ein Muss! Harmlose Familienradler, Freizeit-Tourer, Alltags-Pedalisten, Kult-Biker, Eiscafé-Downhiller, Liegend-Cyclisten, Sonnenbrillen-Cruiser und selbst der bekannte Amtmann, der zu Hause immer seine Hosenklammern und die Luftpumpe mit hoch ins Büro nimmt, damit ihm wenigstens etwas bleibt, wenn's Radl unten geklaut wird – sie alle wollen auf Mallorca einmal den San Salvador hinaufgefahren sein.

Der Grund für den Kult: am 24. März 1926 wurde in dem Städtchen Felanitx ein Knabe namens Guillem Timoner y Obrador geboren.

Er sollte zum berühmtesten Sohn seiner ländlichen Heimat aufsteigen, denn er wurde, seltsam genug für diese Gegend, Radrennfahrer und, unfassbar noch heute, sechs Mal Weltmeister. In den Jahren 1955 bis 1965 errang er bei Steherrennen in Amsterdam, Mailand, Leipzig, San Sebastian und Paris sechs regenbogenfarbene Weltmeistertrikots und stiftete diese am Ende seiner Karriere der heiligen Jungfrau vom San Salvador.

Dort hängen sie nun, eingerahmt und unter Glas über der Galerie des großen Vorraumes der Klosterkirche, merkwürdige, verstaubte Devotionalien in sakraler Umgebung. Ich schaue sie mir an, lausche dabei den Worten der durch die Menorca-Lüge vorbelasteten Reiseleiterin und stelle fest: Sie hat schon wieder keine Ahnung. Nichts weiß sie zu sagen über die bunten Trikots, mit keinem Wort würdigt sie den großen Timoner! Stattdessen preist sie die Schönheit der benachbarten Abendmahlsdarstellung, ohne auch nur zu erwähnen, dass es sich dabei um eine Kopie der Porta del Mirador der Kathedrale in Palma handelt.

Doch dann entsteht Unruhe. Drei schwankende Gestalten in Fahrradkluft, aufeinandergestützt, mit hochroten Köpfen, keuchen, auf ihren Rennfahrerschuhen über den steinernen Fußboden scheppernd, herein. Triumph im Blick, aber offensichtlich auch Gummi in den Knien.

Worauf sonst wäre es zurückzuführen, dass einer meiner erschöpften Freunde nun tatsächlich genau unter einem der Weltmeistertrikots in die Knie geht?

Hat ihm die Anstrengung die Sinne verwirrt? Er wird doch hier nicht den falschen Gott anbeten! Um Peinlicheres zu vermeiden, lese ich ihnen und allen, die es mit anhören müssen, von der Empore herab die Worte vor, mit denen Guillermo Timoner seine Trophäen der Jungfrau Maria widmete. Da der Text auch in einer deutschen Übersetzung an der Wand angebracht ist, vermag ein Hauch von Heiterkeit den Ernst der Lage zu mildern. Der Name des Übersetzers ist leider nicht überliefert.

«Mein Glaube zu Euch war der Grund meines dreifachen Triumphes als Weltmeister. Entfernt von Euch, erhabene Mutter, als ich entfernt war von meinem Vaterland, radelten meine Beine in der Begierde des Triumphes. Aus meinem Herzen kam immer das gleiche Gebet, das sehr leise mit meinen ausgetrockneten Lippen gemurmelt wurde, und die oft in Tränen der Bewegung gebadet waren. Ich bat um ihren göttlichen Schutz, der mich niemals verließ. Nehmen Sie daher, heilige Jungfrau von San Salvador, diesen Pullover, welcher Symbol des Wettkämpfers ist, als inbrünstige Huldigung ihres demütigen Guillermo Timoner.»

Frau an Bord

Schönen Frauen, die sich nackt auf weißen Schiffen reicher Männer räkelnd bräunen – zweifellos, um ihnen bei Bedarf in dankbarer Sinnlichkeit zu Willen zu sein –, solchen Frauen könnte man auf Mallorca begegnen. Begegnet man ihnen aber tatsächlich, hat es sich dann längst ausgeräkelt, und die hübschen Darstellerinnen aus Werbespots für Hautcreme und Rum geben sich nach der Arbeit äußerst stolz und unnahbar. Daran ist nichts auszusetzen. Gutaussehende Models sind Zudringlichkeiten häufiger ausgesetzt als weniger vollkommene oder nur mäßig auf Äußerlichkeiten bedachte Menschen. Natürlich fallen sie auf, ziehen die Blicke der Männer an und scheinen sich dessen stets bewusst zu sein. Männer wie du und ich lernen solche Frauen nicht kennen. Wir schauen sie uns an, wie sie sich nackt auf weißen Schiffen räkeln und zappen oder blättern dann weiter.

Und doch, eine solche Frau, glaube ich, hat mich gestern angesprochen. Sie war schmal, groß, blond und allein. Sie saß drei Tische von dem meinen entfernt vor der kleinen Hafenkneipe, schaute mit ernstem Gesicht mal aufs Meer, mal auf die anderen Gäste, dann immer häufiger zu mir, bis sie sich schließlich erhob, mit einer anmutigen Kopfbewegung ihre Haare nach hinten warf und sehr zielstrebig auf mich zukam. Dann ging alles sehr rasch.

«*Sie sind Deutscher, nicht wahr? Und ich habe gehört, dass Sie Besitzer eines Bootes sind?*»

Sie fragte nicht, sie wusste es. Ich nickte. Sie setzte sich. Ich sagte, dass es ein sehr kleines Boot sei. Das interessierte sie nicht.

«*Könnten Sie sich vorstellen, mich mal aufs Meer mit hinauszunehmen?*»

Ich zögerte nicht, mir das vorzustellen, obwohl diese allzu direkte und formlose Vorgehensweise mich irritierte. Ich lächelte sie an.

«*Gerne. Wann?*»

«*Morgen um drei.*»

Und ich sagte, ohne auch nur eine einzige Frage zu stellen, «*ja, warum nicht*».

Das war's. Sie lächelte nicht, schien aber erleichtert, vielleicht sogar dankbar, atmete jedenfalls deutlich aus und ließ ihre wohlgeformten Schultern ein wenig sinken. Dann erhob sie sich, um zu gehen.

«*Ich danke Ihnen sehr. Bis morgen dann.*»

«*Wissen Sie denn, wo mein Boot liegt?*»

«*Ja.*»

Nachmittags um drei bin ich eigentlich immer an meinem Boot. Jedenfalls häufig.

Zumindest gab es keinen vernünftigen Grund, warum ich morgen Nachmittag um drei nicht da sein sollte.

Und jetzt ist es kurz vor drei, und selbstverständlich bin ich da.

Die Llaut liegt in dem schmalen, seitlichen Teil der Hafenbucht, wo wegen geringer Wassertiefe nur die kleinen Fischerboote ihre Anlegeplätze haben.

Die Sonne steht hoch. Eine winzige Brise weht über's Meer herein. Es ist ein strahlender Julitag. Unter Deck habe ich das Badezeug, etwas Wasser und Proviant verstaut, auch eine Flasche Wein liegt in der Kühlbox.

«Ein kleines Strandpicknick? Das ist aber eine ganz reizende Idee von Ihnen!»

Das würde sie doch wohl sagen, wenn ich beiläufig ein kleines Strandpicknick ins Gespräch bringen würde; in einer dieser abgelegenen Buchten, die man nur mit dem Boot erreicht.

Oder will sie vielleicht lieber angeln? Das sollte sich verhindern lassen. Was ist das überhaupt für eine idiotische Verabredung?

Warum weiß ich nicht, wie sie heißt? Warum haben wir uns nicht vorgestellt?

Ich kannte die Antwort schon seit gestern Abend, lange vor dem Einschlafen: sie hatte türkise Augen, tief wie das Meer. Und sie sah so ungewöhnlich gut aus in der einfachen

Umgebung der Hafenbar, dass es eben nicht die Umgangsformen waren, die ich beachtete.

Und sie doch auch nicht! Sie wollte mich! Zumindest mein Boot. Und zwar so schnell wie möglich. So sieht's doch mal aus. Was sollen diese Skrupel überhaupt?

In Begleitung solcher Überlegungen streift mein Blick über die Mole. Wird sie kommen?

Gestern trug sie hellbraune Shorts zu dunkelbraunen Beinen und ein augenfarbenes Trägerhemdchen mit extrem schmalen Trägern.

Und plötzlich sehe ich sie. Jeder sieht sie. Drei netzeflickende Fischer starren ihr mit offenem Mund nach. Ein Familienvater mit Großfamilie zu Fuß auf dem langen Weg zum Strand lässt fassungslos die Luftmatratze sinken. Vom Laster mit Hebekran wird gepfiffen.

Jaime, der auf dem Nachbarboot den Motor auseinanderlegt, ruft zu mir herüber: «Hombre! Du bekommst königlichen Besuch!»

Das ist wohl wahr. Sehr aufrecht, sehr zielstrebig kommt sie auf mich zu. Sie trägt ein weißes Kleid. Ein festliches, elegantes, schulterfreies, weißes Kleid. In ihren Händen hält sie einen großen Strauß weißer Margariten.

Nun gut. Angeln will sie also nicht. Ich bin nicht ganz so beeindruckt, wie das vielleicht beabsichtigt ist. Was soll der Auftritt? Weit und breit ist kein Kamerateam zu sehen und es liegt mir auf der Zunge zu sagen: «Aber das wäre doch nicht nötig gewesen!» Doch ich verkneife es mir und strecke ihr die Hand entgegen, um ihr bei dem großen Schritt auf mein Boot zu helfen.

Sie ergreift die Hand nicht. Sie bleibt stehen, reicht mir die Blumen, schaut zurück und fragt:

«*Können wir noch einen Augenblick warten? Ich kriege noch ein Paket.*»

«*Was denn? Hierher?*»

«*Ja, so ist es verabredet. Er wollte um drei da sein.*»

Was bedeutet das nun wieder? Lässt sie uns vielleicht von Feinkost-Gonzales ein Lunchpaket kommen? Will sie mir zeigen, wie man eine Luxuskahnpartie mit einem Supermodel durchzieht? Eigentlich habe ich keine Lust mehr. Ich steige vom Boot, stelle mich vor. Als sie ansetzt, ihrerseits das Nötige zu sagen, fährt schwungvoll ein kleiner, beigefarbener Renault-Kombi vor. Ein älterer Herr in grauem, uniformartigem Anzug steigt aus, überreicht ihr einen länglichen Karton, lässt sich den Empfang quittieren und fährt wieder davon.

Kurz darauf legen wir ab: das Boot, die Frau, die Blumen, der Karton und ich. Sie hat sich gesetzt, mustert mich mit irritierendem Ernst und wirkt jetzt erschöpft. Langsam gleiten wir durch die Hafenbucht. Bunte Windsurfersegel kreuzen, Lachen tönt vom gegenüberliegenden Strand, von einer Motoryacht wehen Fetzen vertrauter Musik herüber, Millionen glitzernde Punkte flitzen über das Wasser. Die sehr schöne Frau, in dem sehr schönen, weißen Kleid reicht mir die Hand:

«Ich heiße Chloe.»

Dann beginnt sie zu weinen.

Ich weiß nicht, was ich tun soll. Mit der einen Hand halte ich den Steuerknüppel, die andere möchte ich ihr tröstend auf die Schulter legen. Aber leg mal einer fremden, weinenden Frau eine nasse Hand auf die nackte Schulter! Das kann nicht gutgehen. Gerade hatte ich noch mit dieser Hand locker über Bord fassend die Wassertemperatur überprüft, für den Fall, dass meiner Begleiterin vor dem Picknick ein gemeinsames Bad angenehm gewesen wäre – jetzt weint sie auf ihr weißes Kleid, statt es sich gutgelaunt vom Leibe zu reißen.

Ich schalte in den Leerlauf und frage, ob wir umkehren sollen.

Sie schnieft, wischt sich mit dem Handrücken die Tränen ab und bemüht sich um Fassung.

«Nein, bitte nicht», sagt sie *«ich erkläre Ihnen alles. Aber lassen Sie uns weiterfahren.»*

Gelächter und Rufe hallen über das Wasser. In ganz kleinen Segelbooten trainieren Kinder für die Jugendregatta am kommenden Wochenende. Sie schreien sich übermütige Albernheiten zu.

Ich steuere das Boot aus der Bucht hinaus auf das offene Meer.

«Kurt ist tot», sagt sie leise. *«Er hat sich umgebracht.»*

Langsam keimt Zorn in mir auf. Ich kenne keinen Kurt. Oder sollte ich?

«Er hat mir manchmal von dir erzählt. Er hat mir dein Boot gezeigt. Er kannte dich aus Frankfurt. Aus dem ‹Firmament›.»

Sie hat «Du» zu mir gesagt und ihre Traurigkeit fasst mich an.

Ich weiß jetzt, von wem sie spricht. Meine Stammkneipe heißt zwar nicht «Firmament», sondern «Horizont», aber da gab es einen Kurt. Er arbeitete bis vor einem halben Jahr als Barkeeper dort. Er war ein einsamer, gutaussehender Mann. Ich kannte ihn lange, aber nicht gut. Er war freundlich, wortkarg und hatte unser aller Sympathie, weil er meine Freunde und mich oft noch lange nach Feierabend, wenn er die Tür geschlossen hatte, weitertrinken und schwadronieren ließ und sich meist schweigend zu uns gesellte. Ja, er kannte uns alle und auch meine Erzählungen von Mallorca und dem Boot. Dann hatte er sich eines Tages verabschiedet. Er wolle sich nach etwas Neuem umschauen; vielleicht im Süden. Ein anderer Barkeeper war gekommen. Von Kurt hatte ich nie wieder gehört.

Ziellos geradeaus fahren wir weiter hinaus aufs Meer. Der Wind ist hier frischer als in der Bucht.

«Warum hast du dieses Kleid an?», frage ich sie. Und sie lächelt. Tatsächlich, jetzt, im tränenfeuchten Gesicht der schönen Frau, sehe ich ihr erstes Lächeln.

«Das habe ich mir aus der Kollektion, die wir gerade fotografieren, einfach ausgeliehen. Ich fand es angemessen.»

Immerhin, sie ist tatsächlich Mannequin.

«Chloe?»

«*Ja?*»

«*Warum hat er sich umgebracht?*»

«*Er hatte niemanden. Niemanden in Deutschland und niemanden hier. Er ist depressiv geworden in diesem Winter auf Mallorca. Er hat sogar davon gesprochen, sich umzubringen.*»

«*Und Du?*»

«*Ich konnte ihm nicht helfen. Ich habe ihn geliebt, aber wir waren nicht wirklich zusammen. Ich bin ja dauernd unterwegs.*»

Sie weint nun wieder. Auf gleichmäßigen, langgezogenen Wellen zieht das Boot sein schmales Band weißer Gischt hinter sich her.

«*Aber wir beide*», sie schluchzt, «*wir beide erfüllen ihm seinen letzten Wunsch, nicht wahr?*»

Ich blicke sie fragend an. Ihr Blick wandert zu dem Karton. Ich erstarre.

Plötzlich ist alles klar. Da ist Kurt drin! In diesem Paket befindet sich eine Urne mit der Asche von Kurt. Ich weiß es.

«*Dies ist eine Seebestattung, du Idiot!*» Ich schreie mich an, ohne dabei den Mund zu öffnen.

«*Sie benutzt dich als Beerdigungsunternehmer! Du geiler, blöder, blinder Vollidiot!*»

Chloe greift zu dem Karton, nimmt tatsächlich eine metallene Urne heraus und stellt sie mit einer befremdlich praktischen Geste zwischen ihre nackten Füße.

«*Er hat oft davon gesprochen, eines Tages mit dir hinaus-*

zufahren. In seinem Abschiedsbrief hat er sich dann das hier gewünscht. Wollen wir ihn jetzt beerdigen?»

Ich nicke und stelle den Motor ab. Wir sind weit draußen. Winzig der schwarz-weiß geringte Leuchtturm an der Hafeneinfahrt. Das Boot schaukelt stark auf den Wellen.

Sie nimmt den Deckel der Urne ab und streut die Asche langsam seitlich über Bord. Der Wind hebt sie noch einmal an, weht einen Teil davon auf uns zurück, bevor er sie auf das Meer sinken lässt.

Hell ockerfarben, fast gelb schwimmt nun Kurts Asche auf tiefblauem Grund um das kleine Boot. Chloe wirft ihre weißen Blumen erst einzeln, dann, wegen des unsicheren Haltes, den restlichen Strauß mit einem einzigen Schwung hinterher. Asche und Blumen treiben rasch davon.

Schweigend schauen wir ihnen nach, bis ich sie frage:

«Warum hast du mir das alles nicht gestern schon gesagt?»

«Er war so ein stiller Mensch. Ich hatte Angst, dass du dich nicht an ihn erinnerst.»

Während ich mir Kurt aus den Haaren streiche und von den Kleidern klopfe, weiß ich, dass das nie wieder möglich sein wird.

Statt eines Nachwortes:

«Mañana»
Drei Ansichtskarten an meinen Verleger*

Lieber Herr Schöffling,

Auf der Insel ab und an
Bringe ich das Buch voran.

Auf der Insel aber auch
Scheint die Sonne auf den Bauch.

Auf der Insel, das ist klar,
werden alle Träume wahr.

Irgendwann, Sie mögen stöhnen,
werd ich Bauch und Buch versöhnen.

* Anmerkung dazu siehe Seite 124

Lieber Herr Schöffling,

Es geschieht Gesegnetes:
Auf der Insel regnet es.

Land und Leute frohgemut.
Auch mir selber geht es gut.

Regen zwingt zum Stubenhocken.
Mit dem Vorteil trockner Socken.

Und! Regen bringt das Buch voran.
Weil man sich nicht drücken kann.

Lieber Herr Schöffling,

Was? Ich soll nach Schottland fahren?
Sie sind's leid nach fast zwei Jahren?

Wenn ich Regen brauch zum Schreiben
Kann ich auch zu Hause bleiben?

Haben Sie mir das gesagt?
Nein. Ich hab mich selbst gefragt,

was «mañana» wohl bedeute.
Es heißt vieles. Nur nicht: Heute.

* Dem freundlichen, anhaltenden und intensiven Drängen des Frankfurter Verlegers Klaus Schöffling ist es zu verdanken, dass ich diese Geschichten und Gedichte geschrieben habe, die dann in seinem, dem Schöffling-Verlag, erschienen.

Bei dem hier nun vorliegenden Rowohlt-Taschenbuch handelt es sich um die überarbeitete und um einige neue, bisher unveröffentlichte Texte erweiterte Ausgabe des ursprünglichen, längst vergriffenen Werkes.

Anhang

Die Zitate auf S. 102–104 wurden folgenden Büchern entnommen:

Edmond u. Jules de Goncourt, Blitzlichter aus dem 19. Jahrhundert. Ausgewählt u. aus dem Französischen übertragen v. Anita Albus, Eichborn 1990, S. 240.

George Sand: Ein Winter auf Mallorca. Ediciones de Ayer 1972, S. 190, 191 u. 193

Das für dieses Buch verwendete FSC®-zertifizierte Papier
Lux Cream liefert Stora Enso, Finnland.